CURSO DE BATERIA

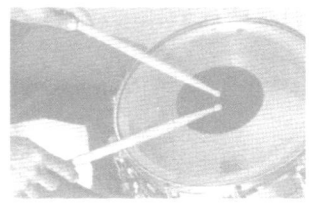
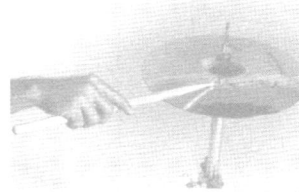
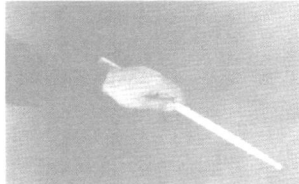

Volume 1
BÁSICO

MÉTODO PLAY-A-LONG: LIVRO E CD!

Rui Motta

Nº Cat.: 340-M

Irmãos Vitale S.A. Indústria e Comércio
www.vitale.com.br
Rua França Pinto, 42 Vila Mariana São Paulo SP
CEP: 04016-000 Tel.: 11 5081-9499 Fax: 11 5574-7388

© Copyright 1996 by Irmãos Vitale S.A. Ind. e Com. - São Paulo - Brasil
Todos os direitos autorais reservados para todos os países. *All rights reserved.*

Dados Internacionais de Catalogação na Publicação (CIP)
(Câmara Brasileira do Livro, SP, Brasil

Motta, Rui

    Curso de Bateria / Rui Motta. - São Paulo: Irmãos Vitale, 1997.

Método play-a-long: livro e CD!
Conteúdo: v. 1. básico - v. 2. intermediário – v. 3. avançado.

ISBN 85-85188-38-3
ISBN 978-85-85188-38-2

1. Bateria - Estudo e ensino   I. Título.

97-0264   CDD-786.907

Indices para catálogo sistemático:

1. Bateria : Estudo e ensino   786.907

Coordenação e editoração computadorizada
Luciano Alves

Revisão de texto
Maria Elizabete Santos Peixoto

Revisão musical
Rui Motta

Capa
Marcia Fialho

Fotos
Eduardo Alonso

Índice

Prefácio 4
O Autor 5
Introdução 6

PARTE 1 7
    Origem do instrumento 9
    Peças e acessórios 9
    Postura e equilíbrio 13
    Pegadas ou empunhaduras 13
    Afinação 14

PARTE 2 15
    Teoria básica 17
        Pauta musical ou pentagrama 17
        Clave 17
        Barras de compasso 17
        Barra dupla 17
        Ritornello 17
        Sinais de repetição de compassos 18
        Acento 18
        Indicadores de mãos 18
        Figuras musicais 18
        Tabela de valores, figuras e pausas 18
        Compasso, tempo e andamento 19
    Metrônomo 20

PARTE 3 21
    As primeiras batidas 23
        Escrevendo na pauta as batidas em 4/4 23
        Fração de compasso 24
        Batidas em 3/4 28

PARTE 4 29
    Tocando com quatro vias 31
        Começando com os pés 31
        Acrescentando as mãos 32
        Prato de condução em semínimas 33
    Treinamento dos pés e das mãos 35
        Exercícios para os pés em semínimas 35
        Exercícios para os pés em colcheias 36
        Exercícios para as mãos em colcheias 36
        Exercícios com toques simultâneos para os pés 37
        Exercícios com toques simultâneos para as mãos 38
    A velocidade de execução das figuras rítmicas 39
    Acentuação 39
        Exercícios de acentuação para as mãos 39
        Exercícios de acentuação para o bumbo 40
    Subdividindo o tempo em semicolcheias 41
        Batidas com semicolcheias 41
        Prato de condução em semicolcheias 42
        Acentuando as semicolcheias 44
    Viradas 47
        Viradas em semicolcheias 47
        Exercícios de virada 48

PARTE 5 49
    Grupos quaternários de figuras 51

Prefácio

Na última década, como consequência de sua popularidade, houve aqui no Brasil, um significativo crescimento no terreno da metodologia nas várias áreas da música popular e do jazz. Uma nova indústria ocupou seu lugar: a indústria dos livros didáticos musicais.

Até que ponto esse crescimento irá contribuir para a nova música?

Resultados já podem ser notados, mas, só saberemos em definitivo, ao nos defrontarmos com a música do ano 2000.

Diferentes experiências são passadas aos que, ávidos em ingressar na profissão de músico, se interessam em aprender o algo mais.

Infelizmente, no Brasil, essa nova didática ainda não foi reconhecida pelos órgãos oficiais... Até quando?

Profissionais, como Rui Motta e alguns outros, no entanto, procuram mostrar a partir de sua experiência, novas metodologias para o desenvolvimento de nossos estudantes, futuros músicos.

Parabéns pelo trabalho, Rui!

Antonio Adolfo

O Autor

Nascido em Niterói, Rio de Janeiro, em 15 de julho de 1951, Rui Motta é um baterista autodidata que ampliou suas possibilidades de atuação às áreas de composição e arranjo, motivado por uma grande paixão pela música que naturalmente despertou em sua vida a necessidade de novas formas de expressão dessa arte.

Nos anos 70, integrou o antológico grupo Mutantes, gravando, entre outros, o LP "Tudo Foi Feito Pelo Sol", recorde de venda na época, quando recebeu, por duas vezes, o prêmio Baterista do Ano, em concurso realizado pela revista Rock.

Desde 1968 vem atuando em gravações e shows no Brasil e no exterior, ao lado de grandes artistas da MPB e estrangeiros, além de realizar, como integrante ou convidado, trabalhos com bandas de estilos diversos e música instrumental, passando por trilhas sonoras para cinema, TV, teatro e jingles.

Incluindo os outros dois volumes desta obra, Rui Motta é autor de quatro métodos de bateria, dois discos (LP e CD) e um vídeo aula. Também assina um modelo exclusivo de baqueta, o "1002 Rui Motta" da C. Ibañez.

Atualmente cumpre extensa agenda de viagens em função dos shows com seu grupo - Rui Motta & Banda, além de se apresentar em workshops, cursos, festivais, palestras, e etc.

Rui Motta endossa as marcas RMV, Fischer, Octagon, Wake Make e C. Ibañez.

Introdução

O Curso de Bateria é a concretização de uma idéia antiga, ou seja, a transmissão de uma experiência de trinta anos com a bateria, sistematizando o conhecimento adquirido ao longo deste período e traduzindo-o didaticamente, de forma a representar uma visão forjada basicamente na estrada e lapidada durante toda uma vivência mental e prática com o instrumento, fazendo, então minhas próprias descobertas.

Para a realização deste projeto, decidi pela divisão de seu conteúdo em três segmentos, determinando, assim, um padrão definido para cada uma das categorias apresentadas.

Este primeiro volume é destinado a quem já teve ou não algum contato com o instrumento, e tem por finalidade não só ensinar a tocar bateria, como cultivar o espírito de criatividade que levará o interessado a buscar novas formas de expressão rítmica além das contidas nos exercícios aqui presentes.

Acredito que a informalidade de minha formação musical - apoiada no autodidatismo - aliada à inesgotável sede de pesquisa e à constante busca de aperfeiçoamento favoreceram a concepção deste livro, mantendo em funcionamento o "gerador" da originalidade das idéias aqui propostas.

Rui Motta

PARTE 1

Origem do instrumento
Peças e acessórios
Postura e equilíbrio
Pegadas ou empunhaduras
Afinação

Origem do instrumento

A bateria é um instrumento de percussão, inventada pelos americanos no começo do século XX.

Antigamente, as peças que hoje a compõem, eram tocadas separadamente, como pode-se observar nas bandas marciais onde os conjuntos dos pratos, das caixas e dos bumbos são tocados individualmente.

A invenção do pedal do bumbo e do tripé de sustentação da caixa viabilizou o agrupamento das peças em um único instrumento, dando origem ao primeiro kit da história da bateria (inicialmente chamado de *trap set*), que se desenvolveu até chegar às formas que conhecemos hoje.

Peças e acessórios

A bateria é um instrumento modular, podendo variar de tamanho, sobretudo quanto à quantidade de pratos e ton-tons.

Para você que está dando os primeiros passos, é aconselhável usar o menor *kit* possível, formado apenas pelo bumbo, caixa, surdo, ton-ton, prato de condução, prato de ataque e contra-tempo.

Bumbo - O mais utilizado possui 22" de diâmetro. É posicionado no chão e apoiado em duas hastes, devendo ser tocado com o pé direito (pelos destros), por intermédio de um pedal.

Neste livro, sempre que for mencionado "lado direito" ou "lado esquerdo", a referência é para o baterista destro. Caso seja canhoto, basta apenas fazer a adaptação.

Caixa

É colocada sobre uma estante, posicionada diante das pernas, onde é tocada, ligeiramente abaixo do umbigo, podendo ser inclinada.

Em geral, as caixas têm 14" de diâmetro e 5" ou 6" 1/2 de altura.

Surdo

Possui normalmente 16" de diâmetro e de altura e é posicionado do lado direito do baterista, apoiado no chão por três hastes. Sua superfície superior deve ficar um pouco abaixo da linha da caixa, podendo ter inclinação, como está na foto.

Ton-tons

Em geral, são usados em par e sustentados por uma espécie de garfo que pode ser fixado em cima do bumbo ou em tripé separado, como mostra a foto.

Suas superfícies são inclinadas e o baterista deve alcançar seus centros com a ponta da baqueta, sem que precise curvar-se.

Para os iniciantes, o uso de somente um ton-ton é suficiente e recomendável.

Prato de condução

É usado com auxílio de uma estante posicionada do lado direito, de modo a permitir o acesso ao seu centro. Percute-se com a ponta da baqueta segura pela mão direita, mantendo-se a posição do corpo ereta. Se, para tal, for necessário retirar o segundo ton-ton (o do seu lado direito), é aconselhável fazê-lo. Também fica inclinado, fazendo, com o chão, um ângulo de aproximadamente 45°. Os mais utilizados são os de 20" e de 22" de diâmetro.

Prato de ataque

Apoiado em tripé, com pequena inclinação, é posicionado à direita ou à esquerda, permitindo fácil acesso e podendo ter tamanhos variados. Os mais comuns possuem 14" e 16".

É tocado com a parte lateral da baqueta em sua quina, para que seu som "abra" repentinamente.

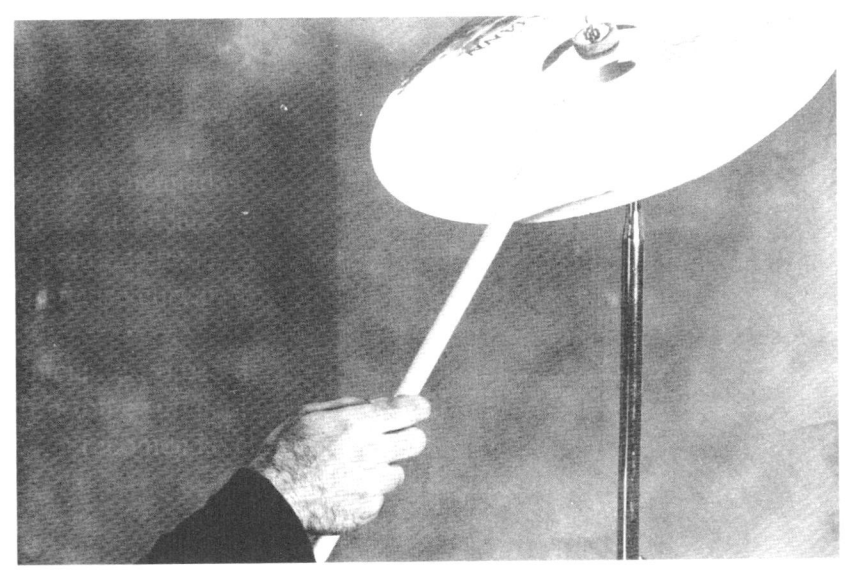

Contra-tempo

Par de pratos montados em um tripé com pedal denominado máquina de contra-tempo. Este pedal é acionado pelo pé esquerdo para que o prato superior colida com o inferior, produzindo, assim, o som.

O prato superior é preso na haste central, com o auxílio de uma peça que funciona como fixador.

A distância entre um prato e outro é de dois ou três centímetros, quando não estão pressionados pelo pedal.

A bateria

Vista traseira de um *kit* de bateria simples, contendo bumbo, surdo, um ton, caixa, prato de condução, prato de ataque e contra-tempo.

Postura e equilíbrio

O baterista deve sentar-se com a coluna em posição reta, a uma distância aproximada de 55 centímetros do chão. As peças devem ser distribuídas de maneira a proporcionar fácil acesso ao esticamento dos braços para alcançá-las e manter o equilíbrio do corpo.

Quando tocamos os pratos e ton-tons, temos a tendência de nos curvar para frente. Se este comportamento não for devidamente corrigido, corre-se o risco de tocar de forma tensa, utilizando os pés (principalmente o que toca o bumbo) para fazer força contrária. É recomendável manter as peças sempre ao alcance fácil das baquetas, para que a linha vertical do tronco sofra uma variação mínima em decorrência dos movimentos.

Pegadas ou empunhaduras

Há duas pegadas para a mão esquerda: a clássica e a chamada "rock".

Na pegada clássica, a mão esquerda prende a baqueta na sua terça parte, usando o quinto dedo, e faz os movimentos ascendentes e descendentes entre o segundo e quarto dedos. A origem dessa empunhadura é anterior ao surgimento da bateria, quando a caixa era tocada com o percussionista em pé, como se observa nas bandas marciais.

Na pegada "rock", a baqueta passa em diagonal pela mão, presa na sua terça parte com o quarto e o quinto dedos, apoiada de leve pelos demais.

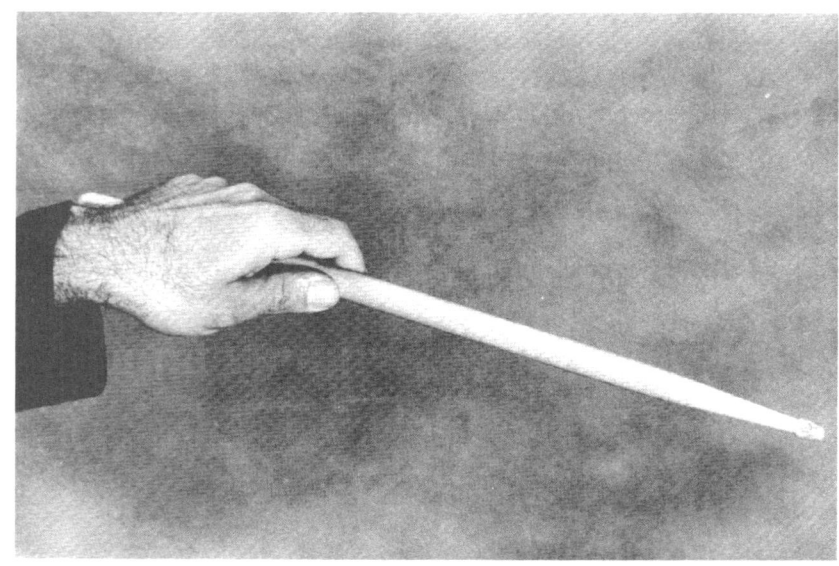

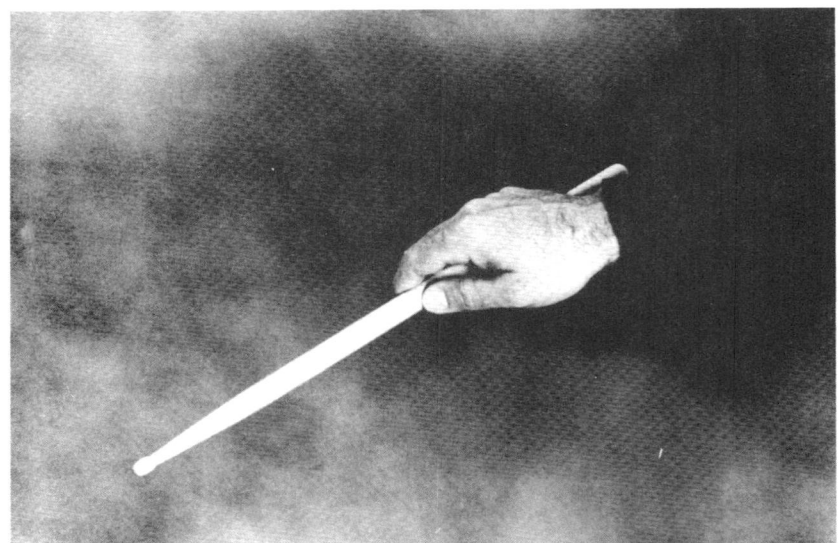

Para a mão direita, usamos somente a pegada "rock"

Afinação

Caixa - Em geral, é o tambor mais agudo da bateria. É afinada com a pele inferior com igual ou maior tensão do que a superior. Sua esteira não deve ficar nem muito solta nem muito apertada.

Ton-ton - É o responsável pelo timbre médio, entre a caixa e o surdo. Ao contrário da caixa, sua pele inferior deve ser igual ou ligeiramente mais frouxa que a superior.

Surdo - Depois do bumbo, é o mais grave dos tambores. Como o ton-ton, funciona com a pele inferior um pouco mais frouxa que a superior, ou na mesma tensão.

Bumbo - O mais grave dos tambores. Funciona com pouca tensão na pele de trás, na qual atua o pedal. É conveniente abrir um buraco na pele da frente, de aproximadamente 12" de diâmetro, para que o ar que circula em seu interior, quando tocado, possa sair imediatamente. Também é recomendável a colocação de material acústico neutralizante em seu interior (almofada, espuma, pano, etc.) para que não ressoe muito.

PARTE 2

Teoria básica
Metrônomo

Teoria básica

Os sinais e convenções usados na notação musical da bateria constituem uma linguagem de fácil aprendizado e garantem a assimilação rápida dos exercícios. A seguir, são abordados os símbolos mais utilizados.

Pauta musical ou pentagrama

É o conjunto de cinco linhas e quatro espaços, contados de baixo para cima, onde se escreve a linguagem dos instrumentos musicais.

Clave

Neste livro, é usada a clave específica para bateria e percussão.

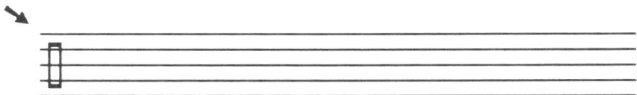

Barras de compasso

São linhas verticais que cortam a pauta, determinando a separação dos compassos.

Barra dupla

Indica o fim de um período musical.

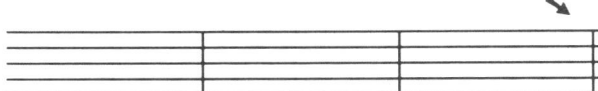

Ritornello

Indica que deve-se repetir o trecho por ele delimitado.

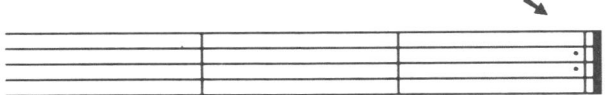

Sinais de repetição de compassos

Utiliza-se comumente três sinais de repetição de compasso a fim de simplificar a escrita musical quando se tem que repeti-los.

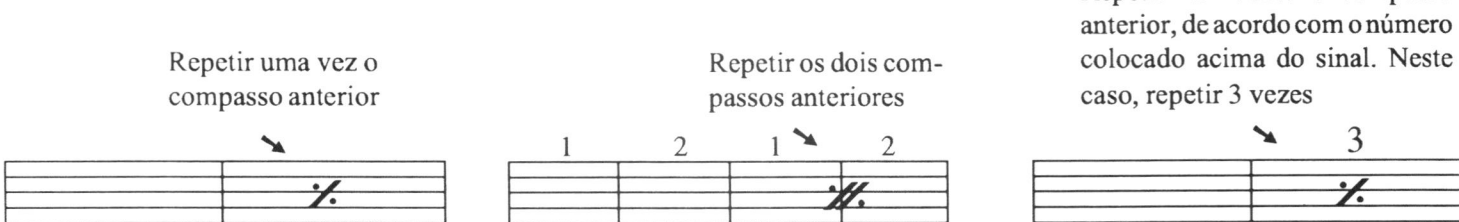

Repetir uma vez o compasso anterior

Repetir os dois compassos anteriores

Repetir "x" vezes o compasso anterior, de acordo com o número colocado acima do sinal. Neste caso, repetir 3 vezes

Acento

Indica que devemos tocar com maior volume as figuras onde os sinais estiverem aplicados.

Indicadores de mãos

Indicam com qual das mãos a figura rítmica deve ser executada, determinando, assim, o baquetamento.

A letra D representa a mão direita, e a E, a esquerda. São aplicadas acima ou abaixo das figuras e usadas somente para a bateria e a percussão.

Figuras musicais

São símbolos usados para registrar graficamente a duração do som produzido por um determinado instrumento musical.

Dependendo da clave, do espaço ou linha da pauta onde estiverem dispostas, recebem o nome de uma das sete notas musicais. No caso da bateria, por se tratar de instrumento atonal, usamos somente os valores quantitativos, dispensando a conotação de nota musical.

Tabela de valores, figuras e pausas

Esta tabela deve ser decorada na sequência apresentada. Aqui estão representados os valores, figuras musicais e suas respectivas pausas. Quando as pausas aparecem na pauta significa que nenhum som deve ser produzido durante o tempo relativo às suas durações, que têm os mesmos valores das figuras correspondentes.

TABELA DE VALORES, FIGURAS E PAUSAS			
Valor	Figura	Pausa	
1 — o	(Semibreve)	—	Um traço cheio, abaixo da quarta linha
2 — 𝅗𝅥	(Mínima)	—	Um traço cheio, acima da terceira linha
4 — ♩	(Semínima)	— 𝄽	
8 — ♪	(Colcheia)	— 𝄾	
16 — ♬	(Semicolcheia)	— 𝄿	
32 —	(Fusa)	— 𝅀	
64 —	(Semifusa)	— 𝅁	

Cada figura tem o dobro do valor da seguinte. Uma semibreve vale duas mínimas que, por sua vez, vale duas semínimas. Logo, uma semibreve vale quatro semínimas e assim por diante.

Compasso, tempo e andamento

Os compassos são formados por tempos e considerados os responsáveis pela cadência rítmica da música. Esta cadência é sentida pelo corpo que reage ao estímulo batendo com os pés no chão, balançando a cabeça ou dançando.

Geralmente quando os pés reagem a um estímulo rítmico, estão simplesmente seguindo os tempos do compasso.

Quanto maior a sensibilidade, mais chance se tem para acompanhar o ritmo corretamente.

Se uma música é tocada duas vezes em velocidades diferentes, diz-se que seu andamento foi modificado e, ao bater com os pés no chão, acompanhando o ritmo, tem-se a tendência de seguir estas mudanças.

De posse de um metrônomo, pode-se definir o andamento da música (ou de uma batida), procurando, no aparelho, a graduação que mais se aproxima da velocidade na qual bate-se os pés.

Esses três componentes básicos da música - compasso, tempo e andamento - estão interligados e relacionam-se da seguinte forma: compassos são formados por tempos e a velocidade na qual são contados os tempos determinará o andamento.

> Dependendo do número de tempos, os compassos podem ser binários (dois tempos), ternários (três tempos) e quaternários (quatro tempos). Há ainda compassos de cinco, seis, sete ou mais tempos.

Metrônomo

É uma espécie de maestro do músico estudante.

Em um conjunto musical, o baterista é o principal responsável, embora não o único, pela constância rítmica da música.

É de grande importância que os estudos sejam realizados com o auxílio deste aparelho que funciona como um relógio de velocidade regulável.

A graduação do andamento pode ser ajustada de 40 a 208 bpm (batidas por minuto). O andamento de 120 bpm, por exemplo, indica que o metrônomo dará 120 batidas em um minuto.

O metrônomo deve estar posicionado onde você possa ouvi-lo enquanto pratica, sendo aconselhável acioná-lo somente após a assimilação motora dos exercícios.

O uso habitual do metrônomo é de grande ajuda no processo de incorporação do andamento. Com esta prática, o baterista estará aumentando a possibilidade de sentir as variações que eventualmente ocorrem, normalmente quando esse andamento adianta, embora o atraso também possa ocorrer, mas em menor escala.

A tendência natural do músico iniciante para apressar o andamento pode ser claramente observada quando está praticando com o metrônomo, e surge a sensação de que o ritmo está "puxando para trás", quando na verdade o que acontece é o contrário.

É importante que o uso do metrônomo no palco seja feito de uma forma natural para que não haja o risco de se repassar para o público a tensão que advém quando não se está confortável com relação ao "click". Esse relaxamento, logicamente, só vem com o tempo, em decorrência da prática constante.

Neste livro, todas as trilhas estão com o "click" gravado. Nos outros exercícios, pratique com a ajuda de um metrônomo, se possível.

PARTE 3

As primeiras batidas

As primeiras batidas

Deve-se começar os exercícios práticos deste volume tocando junto com o CD, com a mão direita no contra-tempo, o qual deve ser mantido fechado, pressionando-se a sapata de sua máquina com o pé esquerdo.

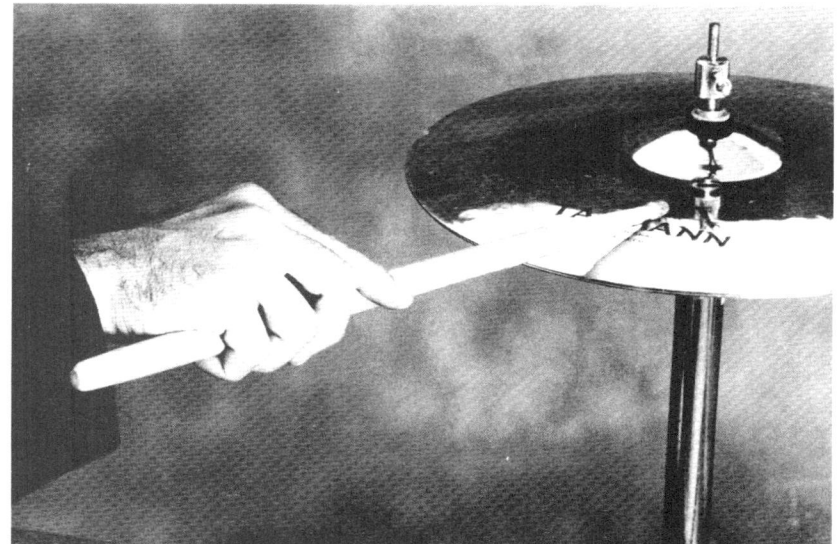

Para obter um som mais leve, comece tocando com a ponta da baqueta no meio do prato, conforme indicado na foto.

Observe as "costas" da mão voltadas para cima.

> Sempre que aparecer o símbolo **CD**, acione seu aparelho de CD, ouça o trecho indicado quantas vezes desejar e toque junto com a trilha da vez. Só passe para a etapa seguinte após estar seguro.

TRILHA 1 - Mão direita tocando no contra-tempo fechado, com metrônomo e contagem.

Para cada duas batidas do metrônomo, toque uma vez no contra-tempo, que deve coincidir com a contagem. **CD**

Escrevendo na pauta as batidas em 4/4

Este é o sinal da semínima que representa cada batida tocada no contra-tempo: ╳

Pode também ser escrito com a haste para baixo: ╳

O espaço reservado para escrever o que se toca com a baqueta no contra-tempo é o de cima da quinta linha da pauta.

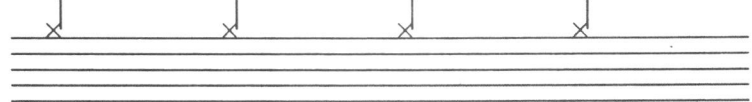

Consideremos que cada semínima representa uma batida da baqueta e que cada batida corresponde a um tempo. Como as batidas são acompanhadas de uma contagem sucessiva de um a quatro, coloca-se uma barra de compasso separando-as em grupos de quatro, dando origem ao compasso 4/4 (quatro por quatro).

Exemplo de dois compassos de 4/4 com sua fração e a clave colocados devidamente na pauta:

Cada grupo de quatro semínimas, separadas pela barra, constitui um compasso de 4/4.

Fração de compasso

Numerador: indica quantos tempos há em um compasso. Logo, o 4/4 terá quatro tempos e as batidas do contra-tempo serão agrupadas em quatro semínimas. Se a fração fosse 3/4, por exemplo, as barras estariam dispostas em grupos de três.

Denominador: determina a figura que vale um tempo, passando a ser a Unidade de Tempo. No 4/4, o denominador corresponde à semínima, como mostra a Tabela de Valores, Figuras e Pausas (veja página 19).

Como é mostrado nesta tabela, o número quatro está relacionado com a semínima, e esta é a figura que valerá um tempo. Assim, cada batida da baqueta no contra-tempo é por ela representada. Se o denominador fosse o número oito, a colcheia é que valeria um tempo.

$$\frac{\text{Numerador}}{\text{Denominador}} \rightarrow \text{quantidade de tempos em cada compasso} \\ \rightarrow \text{figura que vale um tempo}$$

> Usualmente, a figura da semínima é escrita desta forma: ♩
>
> Mas para o contra-tempo e os pratos, convencionou-se escrever com "x": ✗

Observe como é escrita na pauta a trilha 1 do CD, com as batidas no contra-tempo fechado, em um compasso:

> Todas as trilhas do CD foram gravadas pelo próprio autor, em oito compassos, incluindo também a marcação do metrônomo.

TRILHA 2 - Bumbo tocado no primeiro tempo do compasso 4/4, juntamente com o contra-tempo, com contagem. Quando pressionar o pedal do bumbo, não levante o calcanhar.

O bumbo é escrito no primeiro espaço da pauta:

Como nesta trilha o bumbo só é tocado no primeiro tempo, acrescenta-se uma pausa de semínima (𝄽) nos tempos restantes:

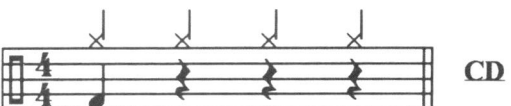

TRILHA 3 - Bumbo tocado também no terceiro tempo, com contagem.

Na pauta, o bumbo passa a ocupar o espaço da pausa do terceiro tempo. No segundo e quarto tempos é executado, por enquanto, apenas o contra-tempo.

TRILHA 4 - Bumbo pára e a mão direita dobra o número de batidas no contra-tempo fechado. Agora, são duas batidas em cada tempo, com contagem.

Quando tocar com o CD, dê duas batidas em cada contagem, dobrando os tempos. Toque bem sincronizado com o contra-tempo gravado.

> Se desejar estudar com metrônomo, regule-o para 120 bpm e toque no contra-tempo simultaneamente a cada "click". Mantenha mentalmente a contagem, sem perder os tempos 1, 2, 3 e 4.

Como as batidas de cada tempo foram dobradas, passaram a ter o valor de colcheias, já que, de acordo com a Tabela de Valores, Figuras e Pausas, uma semínima vale duas colcheias. Para simplificar a escrita, cada grupo de duas colcheias é unido por um traço horizontal:

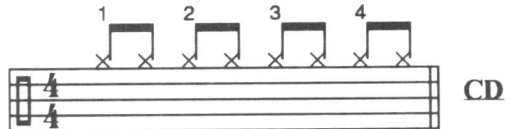

Os números acima da primeira colcheia de cada grupo assinalam o início dos tempos, onde estão as "Cabeças de Tempo", sendo que a Cabeça de Tempo do primeiro tempo é chamada de "Cabeça de Compasso".

As colcheias sem numeração estão entre um tempo e outro. Esta posição é chamada de "Contratempo", termo que indica a metade do caminho entre um tempo e o seguinte, e não deve ser confundido com o contra-tempo (com hífen) que se refere à peça da bateria.

TRILHA 5 - O bumbo volta a ser tocado no primeiro e terceiro tempos. Com contagem.

Na pauta:

TRILHA 6 - Caixa tocada no centro, com a mão esquerda na cabeça do quarto tempo. Com contagem.

Na pauta, a caixa é escrita no terceiro espaço:

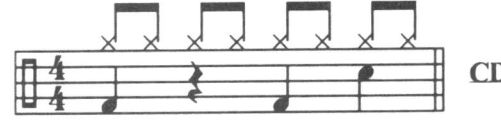

TRILHA 7 - Tocando a caixa, também na cabeça do segundo tempo. Com contagem.

> A partir da próxima trilha, a contagem não está mais gravada no CD, mas deve ser feita mentalmente e sentida pelo corpo.

TRILHA 8 - Bumbo dobrado no primeiro tempo.

TRILHA 9 - Bumbo dobrado também no terceiro tempo.

TRILHA 10 - Caixa dobrada no segundo tempo.

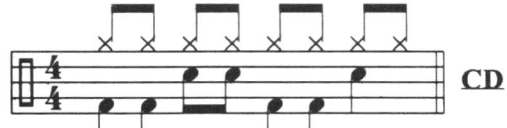

TRILHA 11 - Caixa dobrada no segundo e quarto tempos.

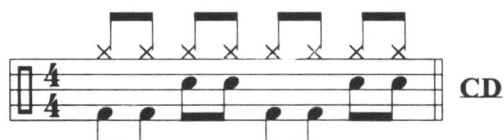

TRILHA 12 - Caixa na cabeça e bumbo no contratempo do segundo e quarto tempos. Bumbo em semínimas no primeiro e terceiro tempos.

TRILHA 13 - Bumbo dobrado no primeiro tempo.

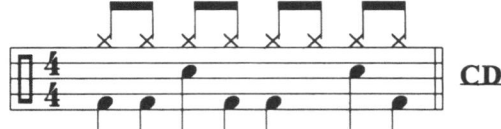

TRILHA 14 - Bumbo dobrado no primeiro e terceiro tempos.

TRILHA 15 - Pausa de bumbo no terceiro tempo.

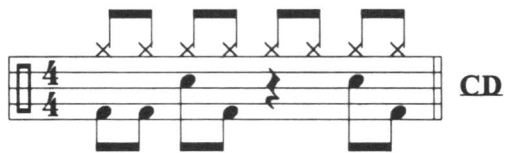

TRILHA 16 - Pausa no terceiro e quarto tempos.

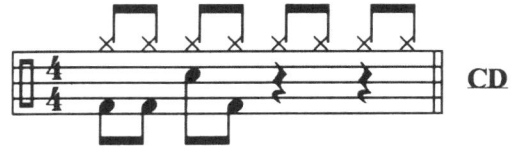 CD

TRILHA 17 - Contra-tempo volta a ser tocado com batidas desdobradas (semínimas) em todos os tempos. Isso significa que você dará uma batida para cada duas do metrônomo, que continua em colcheias.

 CD

TRILHA 18 - Caixa e bumbo voltam ao quarto tempo.

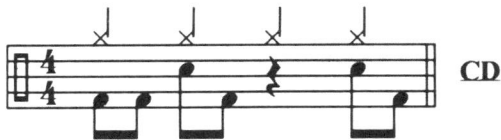 CD

TRILHA 19 - Bumbo com batidas dobradas (colcheias) também no terceiro tempo.

 CD

TRILHA 20 - Pausa de caixa na cabeça do segundo tempo. No segundo tempo do exemplo anterior, a caixa estava em colcheias. Para fazê-la em pausa, recorra à Tabela de Valores, Figuras e Pausas (daqui por diante denominada simplesmente Tabela), e repare que a figura que a representa é ᭕

 CD

TRILHA 21 - Bumbo em pausa, na cabeça do terceiro tempo.

 CD

TRILHA 22 - Caixa volta à cabeça do segundo tempo.

 CD

Escreva e toque suas batidas

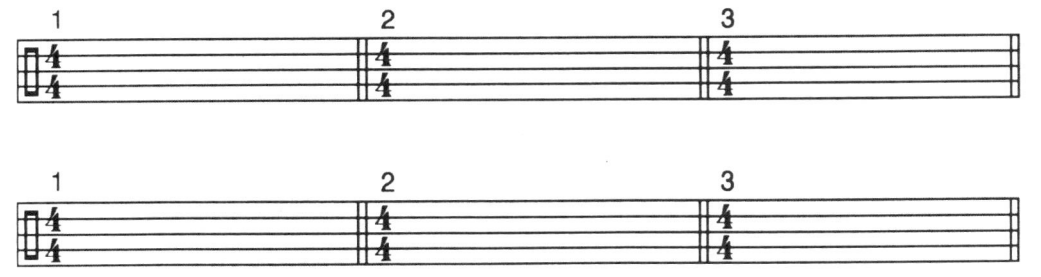

Três batidas em 4/4 com o contra-tempo em semínimas.

Três batidas em 4/4 com o contra-tempo em colcheias (batidas duplas).

Batidas em 3/4

O 3/4 (três por quatro) é um compasso que possui três tempos, tendo cada tempo a duração de uma semínima. Isto significa que sua contagem é feita em grupos de três: 1, 2, 3, 1, 2, 3, etc.

O próximos exercícios passarão a ser em 3/4, com o metrônomo gravado em 130 bpm.

TRILHA 23 - Contra-tempo dobrado (em colcheias) com bumbo no primeiro tempo e contagem.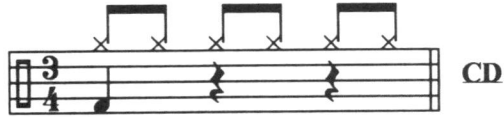

TRILHA 24 - Bumbo dobrado no primeiro tempo. Caixa no segundo e terceiro, com contagem.

TRILHA 25 - Bumbo no contratempo do segundo e terceiro tempos, com contagem.

TRILHA 26 - Pausa de caixa no segundo tempo.

TRILHA 27 - Tocando o contra-tempo em semínimas.

TRILHA 28 - Tocando a caixa no contratempo do primeiro tempo.

Escreva e toque suas batidas

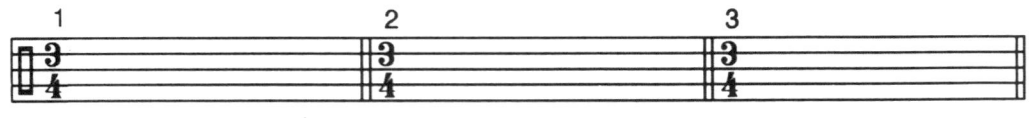

Três batidas em 3/4 com o contra-tempo em semínimas:

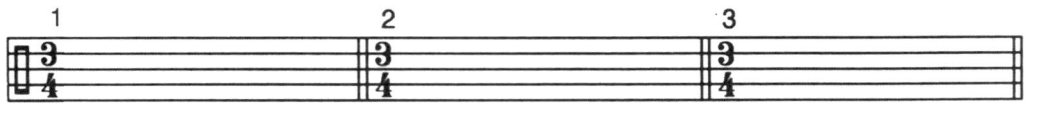

Três batidas em 3/4 com o contra-tempo em colcheias (batidas duplas):

PARTE 4

Tocando com as quatro vias
Treinamento dos pés e das mãos
A velocidade de execução das figuras rítmicas
Acentuação
Subdividindo o tempo em semicolcheias
Viradas

Tocando com quatro vias

Até aqui, os exercícios abordaram batidas com três vias: pé direito e dois braços. O pé esquerdo apenas mantinha o contra-tempo fechado mas, agora, passará a acioná-lo, completando, assim, o uso das quatro vias.

Começando com os pés

Como já foi visto, a escrita do contra-tempo tocado com a mão é feita em "x" acima da quinta linha. Já o contra-tempo tocado com o pé é escrito abaixo da primeira, como pode ser observado na pauta a seguir:

TRILHA 29 - Contra-tempo tocado com o pé, em semínimas. O metrônomo gravado continua em 130 bpm (colcheias), portanto, haverá dois "clicks" para cada toque de contra-tempo.

> Acostume-se a levantar o pé da sapata da máquina do contra-tempo, sempre em contratempo.

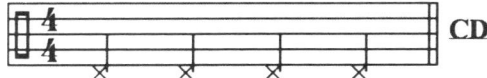

TRILHA 30 - Bumbo na cabeça do primeiro tempo (Cabeça de Compasso). O contra-tempo com o pé continua em semínimas.

TRILHA 31 - Bumbo dobrado no primeiro tempo.

TRILHA 32 - Bumbo dobrado também no terceiro tempo.

TRILHA 33 - Bumbo no contratempo do segundo tempo.

TRILHA 34 - Bumbo também no contratempo do quarto tempo.

Acrescentando as mãos

Agora, você usará, gradativamente, as quatro vias do corpo (pés e mãos). Isto exigirá maior concentração para que elas trabalhem em perfeita sincronização.

TRILHA 35 - Prato de condução (que também é escrito acima da quinta linha), em colcheias (batidas dobradas) e contra-tempo com o pé em semínimas. Metrônomo gravado em 130 bpm.

> Automatize esta batida, independentemente do que for sugerido para o bumbo e para a caixa. Nos próximos exercícios, ela se manterá inalterada, como uma seção independente.

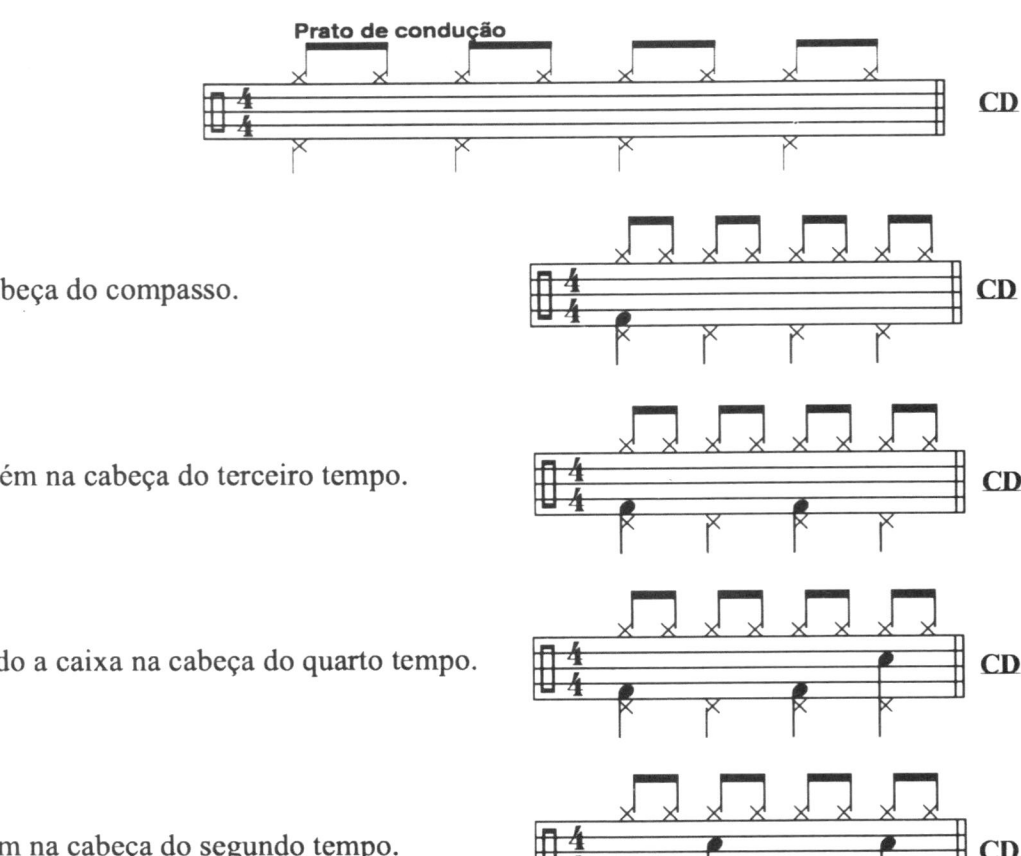

TRILHA 36 - Bumbo na cabeça do compasso.

TRILHA 37 - Bumbo também na cabeça do terceiro tempo.

TRILHA 38 - Acrescentando a caixa na cabeça do quarto tempo.

TRILHA 39 - Caixa também na cabeça do segundo tempo.

TRILHA 40 - Bumbo dobrado no primeiro tempo.

> Deste ponto ao final dos exercícios desta seção, o contra-tempo tocado com o pé não será mais escrito para que a pauta não fique saturada de símbolos, facilitando, assim, a leitura. Porém, você deve continuar com a sua execução normalmente, em semínimas, fazendo a marcação dos tempos.

TRILHA 41 - Bumbo no contra-tempo do segundo tempo.

TRILHA 42 - Bumbo dobrado no terceiro tempo.

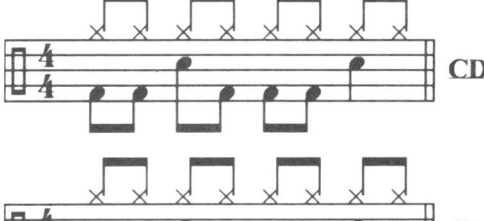

TRILHA 43 - Bumbo no contratempo do quarto tempo.

TRILHA 44 - Sai o bumbo da cabeça do terceiro tempo.

Sequência de estudo: Tomando como exemplo a trilha 44, toque com os dois pés e a mão esquerda, sem prato de condução:

Faça o mesmo com outras batidas.

Escreva e toque suas batidas

Três em 4/4 com o prato em colcheias (batidas duplas). A caixa pode ser deslocada para o contratempo de qualquer tempo do compasso ao invés de ser tocada somente na cabeça do segundo e quarto tempos.

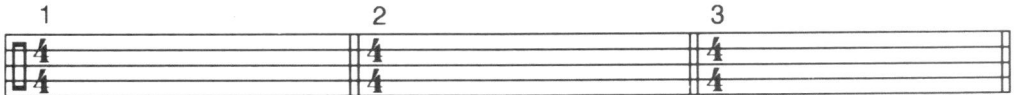

Prato de condução em semínimas

Nos próximos exercícios, o contra-tempo tocado com o pé e o prato de condução terão a semínima como figura comum.

TRILHA 45 - Prato de condução em semínimas (contra-tempo com o pé continua em semínimas). Metrônomo gravado em 130 bpm.

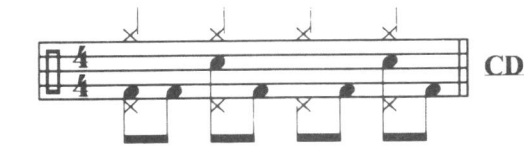

Agora, o prato de condução e o contra-tempo tocado com o pé devem ser automatizados da seguinte forma:

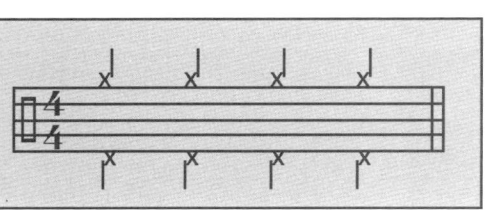

TRILHA 46 - Sai a caixa da cabeça do segundo tempo.
O contra-tempo com o pé não está escrito na pauta.

TRILHA 47 - Caixa no lugar do bumbo, tocada no contratempo do segundo tempo.

TRILHA 48 - Caixa no lugar do bumbo, tocada no contratempo do primeiro tempo.

Já foi mencionada a necessidade de automatizar os motivos rítmicos do prato de condução e do contra-tempo tocado com o pé, já que fazem parte da seção dos pratos. Quando se toca uma batida com as quatro vias, esta seção se integra com a dos tambores. Estas seções relacionam-se entre si mas posssuem autonomia própria.

Na trilha 48, por exemplo, o prato de condução e o contra-tempo são tocados assim:

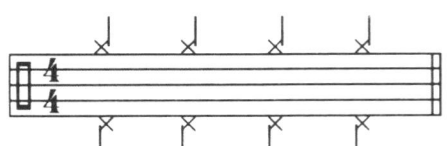

O bumbo e a caixa, assim:

Isto vem demonstrar o conceito de Independência Motora Rítmica, que será abordado mais profundamente no volume III. Com o objetivo de introduzir este assunto, faça o seguinte exercício: usando a trilha 48, toque dois compassos somente com o prato de condução, e o contra-tempo com o pé. Na sequência, acrescente o bumbo e a caixa nos dois compassos seguintes. Repita este processo diversas vezes.

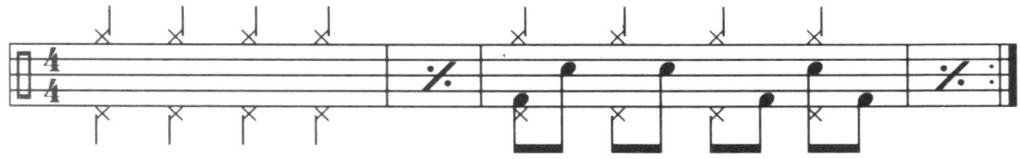

Sequência de estudo: Aplique esta forma de estudo em todas as batidas a partir da trilha 39 do CD.

Escreva e toque suas batidas

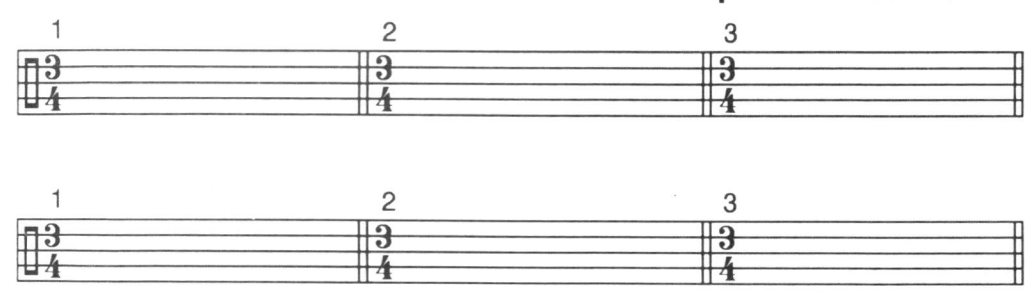

Três batidas em 3/4 com o prato de condução em colcheias e o contra-tempo em semínimas.

Três batidas em 3/4 com o prato de condução e o contra-tempo em semínimas.

Treinamento dos pés e das mãos

A execução da bateria exige um treinamento adequado dos pés e das mãos que deve ser feito constantemente. Com esta finalidade, estude as cinco séries de exercícios seguintes.

Exercícios para os pés em semínimas

Para o desenvolvimento da execução com os pés.

Aqui, a notação é feita por intermédio de apenas uma linha, sendo que o bumbo é escrito acima, e o contra-tempo com o pé, abaixo da mesma. Mantenha andamento constante.

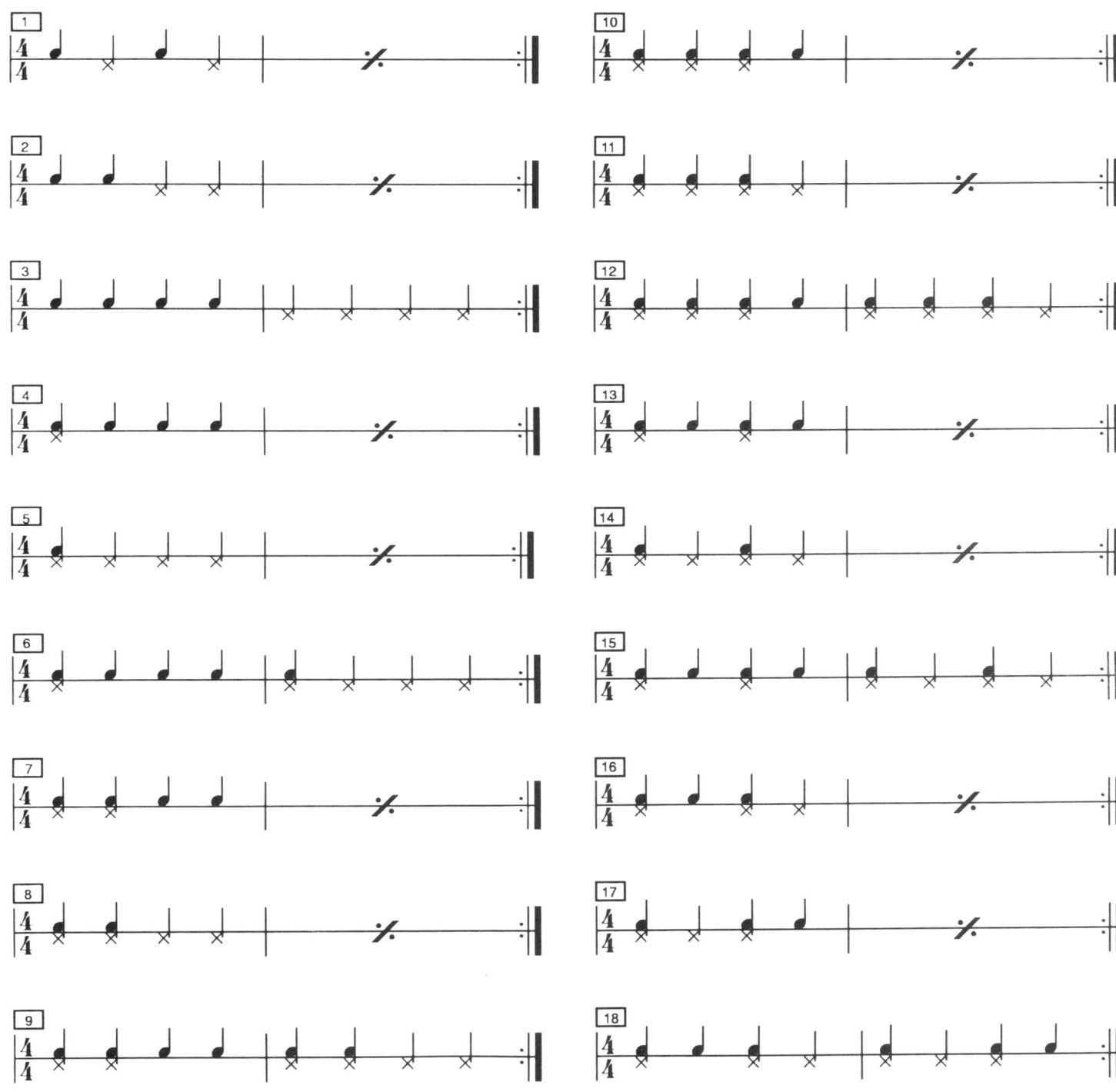

35

Exercícios para os pés em colcheias

Para treinamento de toques dos pés. Pratique em andamento confortável. O bumbo está escrito acima da linha, e o contra-tempo com o pé, abaixo.

Exercícios para as mãos em colcheias

Para treinamento de toques das mãos. Mão direita acima da linha, e mão esquerda, abaixo.

Toque com a baqueta no centro da caixa, mantendo uniformidade de volume. Quando estiver apto, faça o acompanhamento com o pé esquerdo no contra-tempo, tocando em semínimas e marcando o primeiro e terceiro tempos.

Sequência de estudo:

1. Repita os exercícios anteriores com a mão direita no contra-tempo fechado.

Exemplificando com o exercício nº 6:

2. Repita os exercícios anteriores com a mão direita no prato de condução e o pé esquerdo no contra-tempo fechado, marcando o primeiro e terceiro tempos.

Exemplificando com o exercício nº 6:

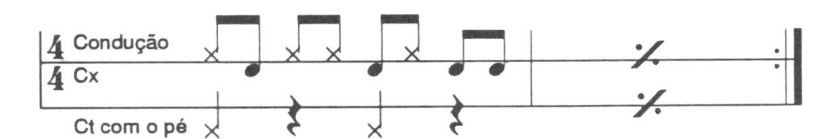

Exercícios com toques simultâneos para os pés

Para treinamento de toques dos pés. Estude em andamento confortável.

Os toques simultâneos são decorrentes da execução das figuras rítmicas ao mesmo tempo.

> Os exercícios 3, 6, 9, 12, 13, 14, 15 e 16 introduzem o conceito de ambidestria que é detalhado no volume II do Curso da Bateria.

Exercícios com toques simultâneos para as mãos

Para caixa e contra-tempo com simultaneidade de toques. Estude os exercícios com compassos diferentes, separadamente, antes de juntá-los. A mão direita no contra-tempo fechado está escrita acima da linha, e a mão esquerda na caixa, abaixo.

Andamento: 60 a 80 bpm

Sequência de estudo: Toque com a mão direita no prato de condução e a esquerda na caixa. Contra-tempo com o pé marcando o primeiro e terceiro tempos.

Exemplificando com o exercício nº 3:

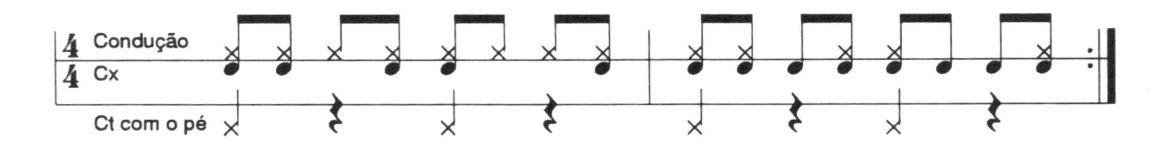

Escreva e toque suas combinações

1.

2.

3.

A velocidade de execução das figuras rítmicas

É comum o baterista questionar a respeito de sua capacidade de tocar com rapidez as figuras rítmicas, bem como sobre sua agilidade com as baquetas no percurso entre as peças da bateria.

No entanto, esse questionamento só é frutífero quando enfocado dentro de um contexto maior, do qual também fazem parte fatores como andamento regular, boa leitura, coordenação e independência motora, aliados a outros como estudo constante e direcionado, ordenação das idéias rítmicas, instrumento adequado, performance em grupo e o hábito de ouvir e observar outros bateristas em ação. Cada elemento desse conjunto contribui no processo evolutivo do músico estudante e deve ser por ele constantemente avaliado. Neste ponto, a velocidade de execução e a agilidade das mãos e dos pés assumem uma característica singular por não terem uma ordenação de exercícios próprios para desenvolvê-las. Por outro lado, esse desenvolvimento acontece normalmente em função da continuidade da prática dos exercícios rotineiros.

A preocupação excessiva com esses dois fatores isoladamente pode, inclusive, gerar um estado de espírito exibicionista e competitivo que não se adapta à música, por inviabilizar sua realização plena.

Um bom desempenho no instrumento demanda inspiração, que é um presente de Deus e, quando acontece, abre as portas da criatividade, tornando possível ao músico expressar-se com originalidade, ou seja, com linguagem própria. Logicamente, isso só pode se estabelecer quando o conjunto dos fatores necessários à formação do músico está sendo levado a bom termo.

Acentuação

As figuras acentuadas devem ser tocadas com maior volume. Esta diferença de intensidade de execução entre figuras acentuadas e não acentuadas contribui para a criação da dinâmica, fator muito importante e em grande parte responsável pelo *swing* e interpretação de uma batida.

Exercícios de acentuação para as mãos

Esta série de exercícios deve ser tocada na caixa e tem como objetivo desenvolver e aprimorar o controle da dinâmica. Determine qual a intensidade de volume que vai aplicar nas figuras acentuadas e nas não acentuadas. Ao exercitar, mantenha sempre a mesma relação de diferença entre elas. Toque o contra-tempo com o pé, marcando o primeiro e terceiro tempos. Acima da linha, mão direita; abaixo da linha, mão esquerda.

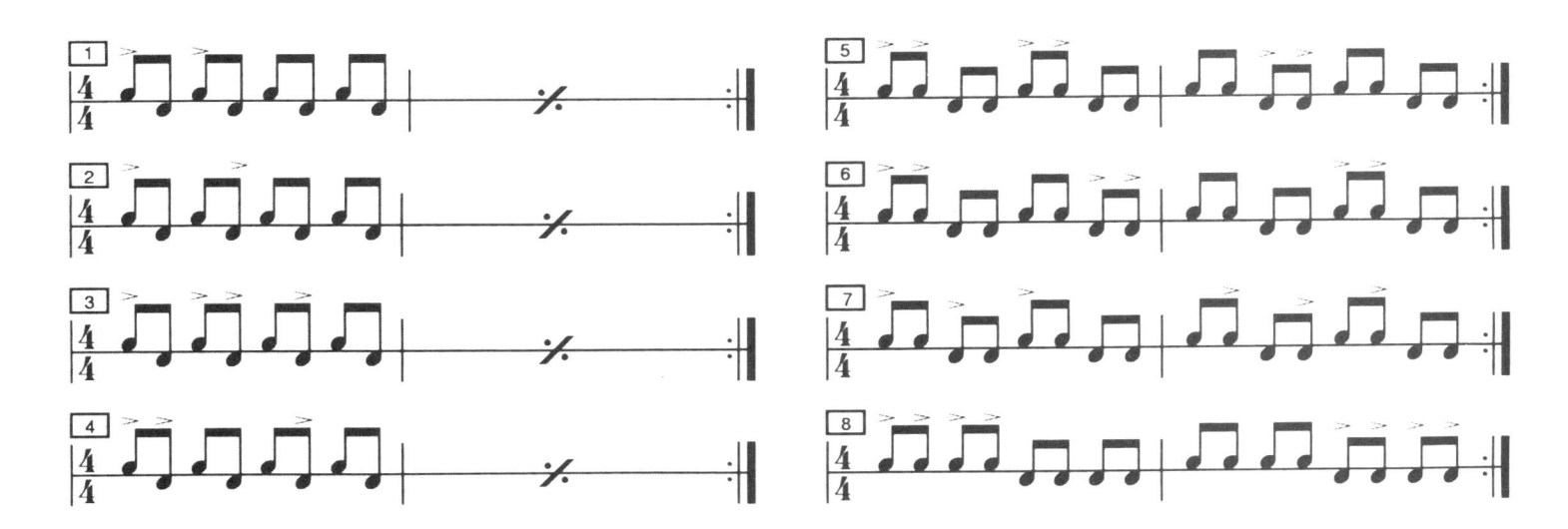

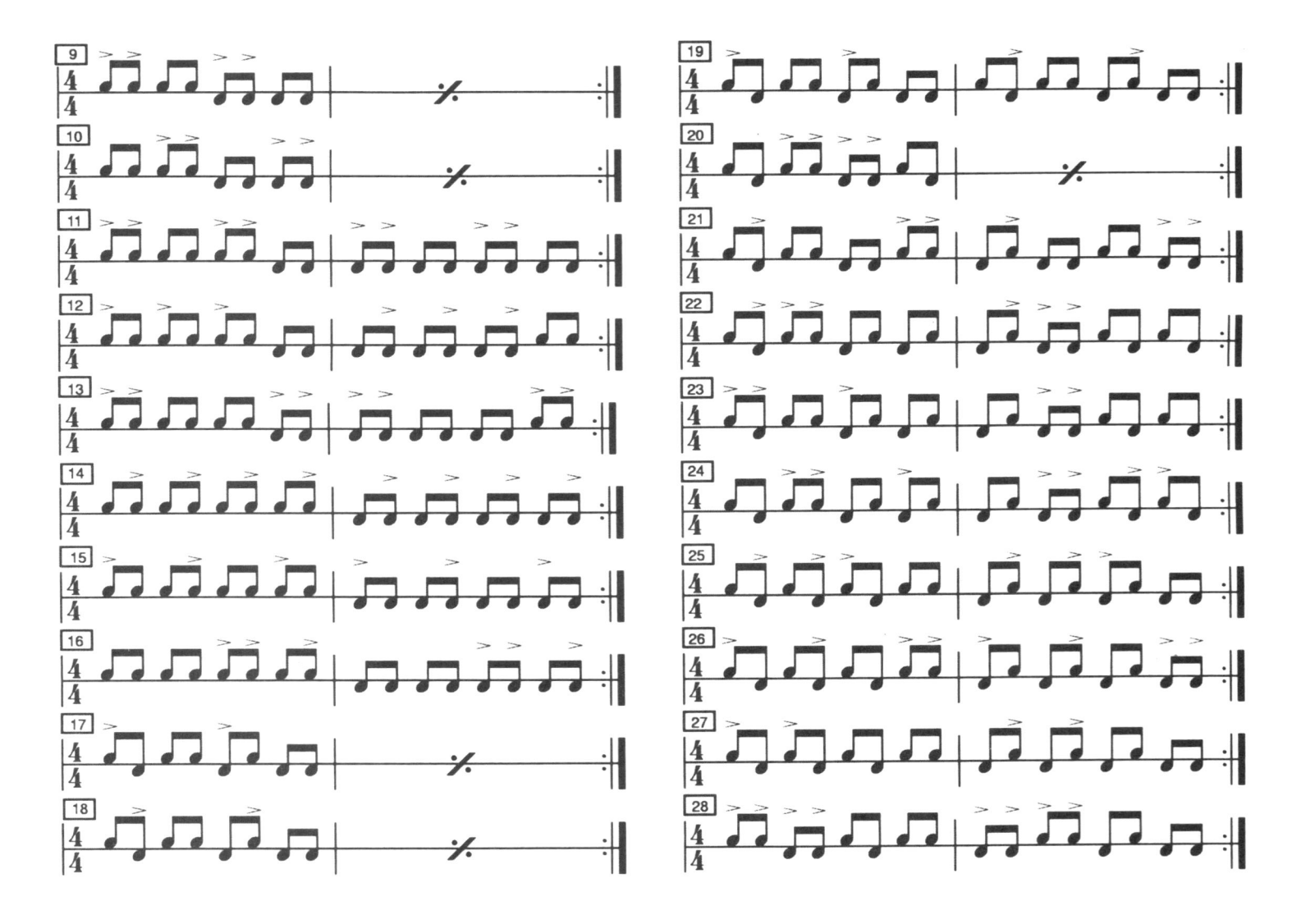

Exercícios de acentuação para o bumbo

Aprimoramento do controle de dinâmica do pé direito. Mantenha a relação de diferença de intensidade, como no exercício anterior. Andamento confortável

Subdividindo o tempo em semicolcheias

Nos primeiros exercícios deste volume, começamos com o contra-tempo fechado, tocado com a baqueta, fazendo a figura da semínima:

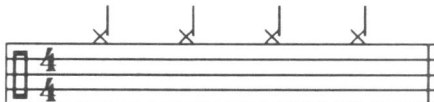

Em seguida, dobramos essas batidas, passando a tocar em colcheias:

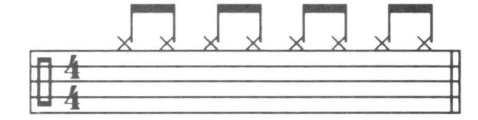

Se quisermos dobrar as batidas mais uma vez, teremos para cada colcheia, duas semicolcheias, que é a figura seguinte na Tabela (ver página 19). Isso exige que sua mão trabalhe em dobro, pois precisa tocar quatro batidas no mesmo espaço de duas. Na pauta, esta subdivisão fica assim:

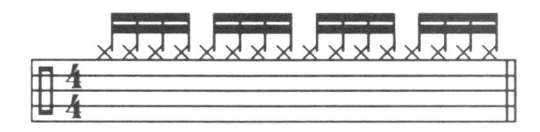

> A distância entre a última semicolcheia de um tempo e a primeira do seguinte é exatamente a mesma.

Batidas com semicolcheias

Para o treinamento do contra-tempo tocado com a mão, em semicolcheias. Toque com o CD.

TRILHA 49 - Contra-tempo fechado tocado com a mão, em semicolcheias, enquanto a caixa e o bumbo estão em semínimas. Metrônomo gravado em colcheias. Andamento: 60 bpm.

TRILHA 50 - Bumbo dobrado no primeiro tempo.

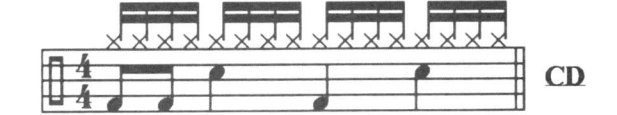

TRILHA 51 - Bumbo no contratempo do segundo tempo.

TRILHA 52 - Bumbo dobrado também no terceiro tempo.

TRILHA 53 - Caixa dobrada no quarto tempo.

TRILHA 54 - Pausa na cabeça do terceiro tempo.

TRILHA 55 - Bumbo no lugar da caixa no contratempo do quarto tempo.

TRILHA 56 - Caixa no lugar do bumbo no contratempo do segundo tempo.

TRILHA 57 - Pausa da caixa na cabeça do segundo tempo.

TRILHA 58 - Caixa no lugar do bumbo no contratempo do primeiro tempo.

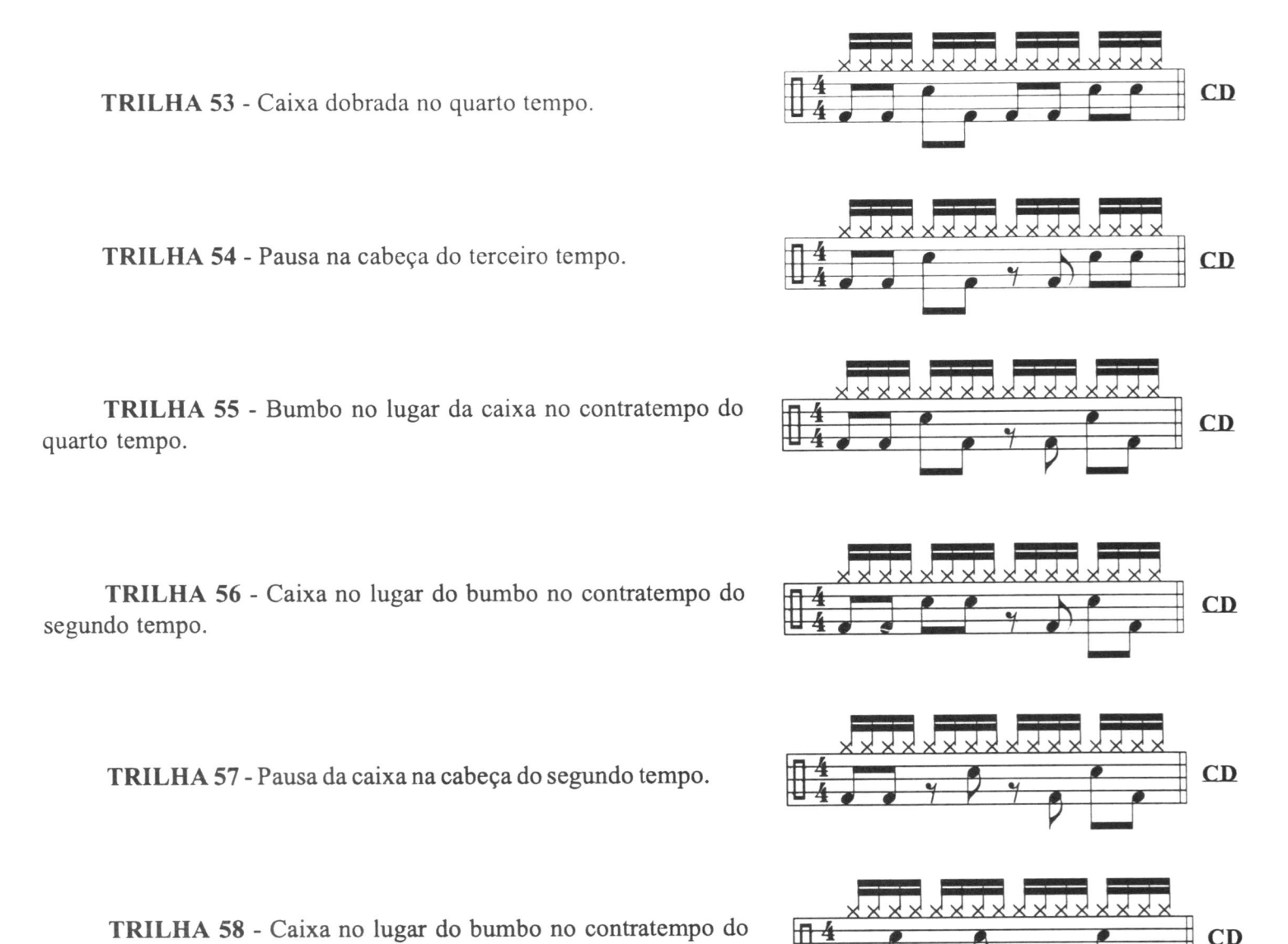

Escreva e toque suas batidas

Três com o contra-tempo em semicolcheias.

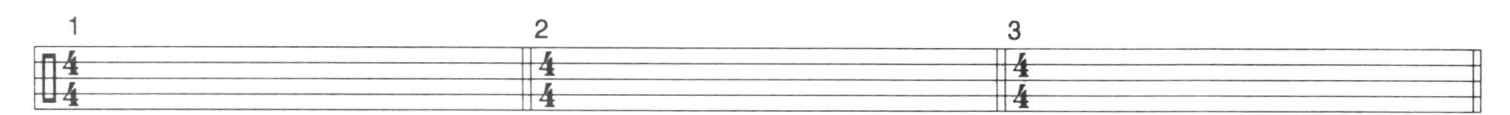

Prato de condução em semicolcheias

Quando se substitui a "levada" do contra-tempo pelo prato de condução, a batida abre e fica mais cheia, o que faz a música crescer em dinâmica. Para que isso não aconteça de forma exagerada, é preciso usar o prato certo. Se o prato de condução está abrindo demais o som, ou seja, demorando a parar de soar, é necessário aplicar alguns pedaços de fita crepe (aproximadamente 15 cm) na parte traseira.

Antes de passar às batidas, faça o exercício de automação do prato de condução juntamente com o contra-tempo tocado com o pé.

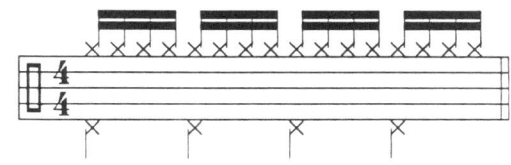

Os exercícios a seguir têm como base as trilhas de nº 49 a 58 (já estudadas), com nova numeração.

Se você estiver apto a treinar lendo a pauta, sem auxílio doCD, não há problema.

> O contra-tempo tocado com o pé não está escrito na pauta, para facilitar a leitura.

TRILHA 59 - Prato de condução em semicolcheias, contra-tempo tocado com o pé em semínimas. Caixa e bumbo em semínimas. Metrônomo gravado em colcheias. Andamento: 60 bpm.

TRILHA 60 - Bumbo dobrado no primeiro tempo.

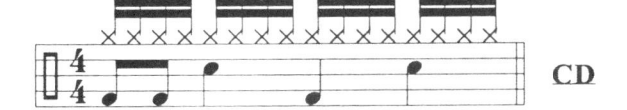

TRILHA 61 - Bumbo no contratempo do segundo tempo.

TRILHA 62 - Bumbo dobrado no terceiro tempo.

TRILHA 63 - Caixa dobrada no quarto tempo.

TRILHA 64 - Pausa do bumbo na cabeça do terceiro tempo.

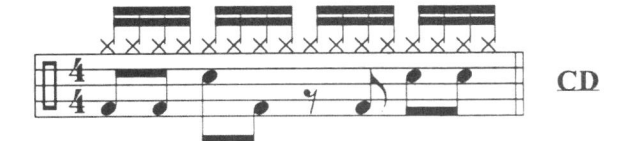

TRILHA 65 - Bumbo no lugar da caixa, no contratempo do quarto tempo.

TRILHA 66 - Caixa no lugar do bumbo, no contratempo do segundo tempo.

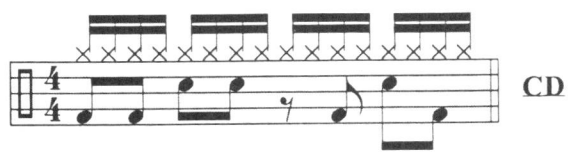

TRILHA 67 - Pausa da caixa na cabeça do segundo tempo.

TRILHA 68 - Caixa no lugar do bumbo, no contratempo do primeiro tempo.

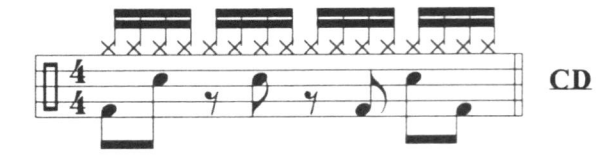

Escreva e toque suas batidas

Três com o prato de condução em semicolcheias.

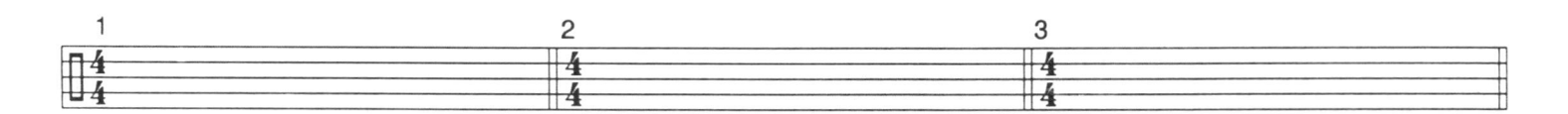

Acentuando as semicolcheias

Como já foi comentado, para se acrescentar *swing* em uma interpretação, é indispensável criar níveis de volume variados com as acentuações.

Faça o seguinte exercício diversas vezes, usando a lateral da baqueta para as figuras acentuadas, e a sua ponta para as não acentuadas:

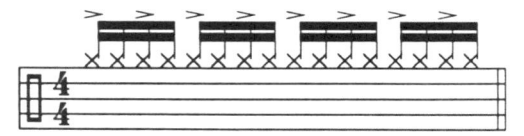

TRILHA 69 - Mão direita (esquerda para os canhotos), no contratempo fechado, em semicolcheias com acentuações. Bumbo e caixa em semínimas. Metrônomo gravado em colcheias. Andamento: 60 bpm.

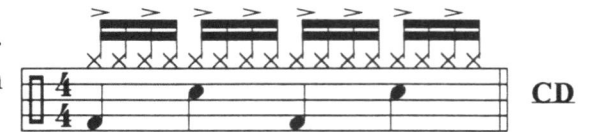

TRILHA 70 - Bumbo no contratempo do segundo tempo.

TRILHA 71 - Bumbo dobrado no primeiro tempo.

TRILHA 72 - Bumbo dobrado também no terceiro tempo.

TRILHA 73 - Pausa do bumbo na cabeça do terceiro tempo.

TRILHA 74 - Caixa no lugar do bumbo, no contratempo do primeiro tempo.

TRILHA 75 - Pausa do bumbo na cabeça do primeiro tempo.

TRILHA 76 - Pausa da caixa na cabeça do segundo tempo.

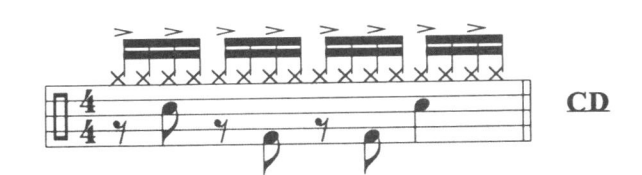

TRILHA 77 - Bumbo no contratempo do quarto tempo.

TRILHA 78 - Pausa da caixa na cabeça do quarto tempo.

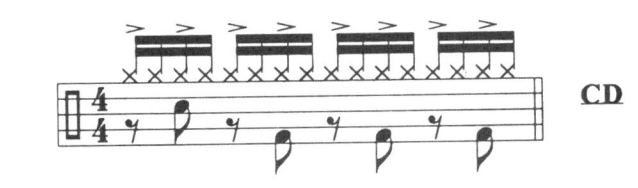

Escreva e toque suas batidas

Primeiramente, pratique só o contra-tempo. Concentre-se em tocar corretamente o que criar, sem preocupação com a velocidade. Estas acentuações são relativamente difíceis e exigem paciência para que sejam devidamente assimiladas.

1. Três batidas com o contra-tempo fechado, observando a seguinte acentuação:

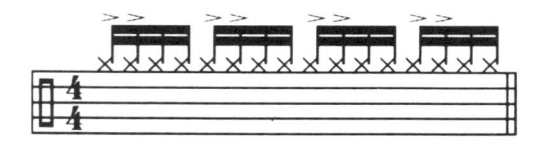

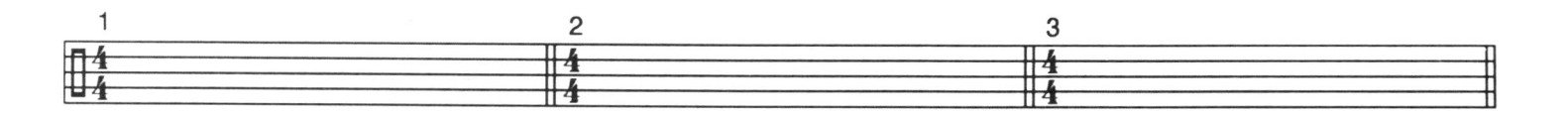

2. Três com contra-tempo fechado, com a seguinte acentuação:

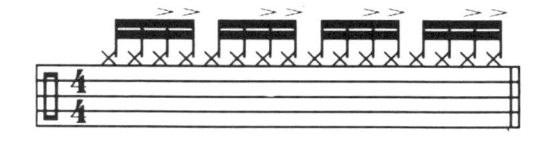

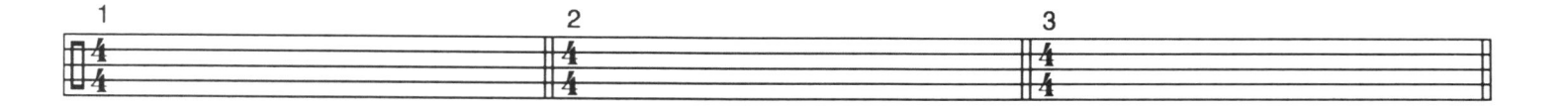

Viradas

As viradas são um capítulo importante no estudo da bateria. São de grande efeito e se aplicam às mudanças de compasso e de dinâmica do arranjo, incrementando ou relaxando tensões rítmicas. Podem aparecer como parte integrante de uma batida ou simplesmente como um ornamento isolado.

Viradas em semicolcheias

Exercícios de viradas no quarto tempo, usando várias combinações de tambores.

Na pauta, o ton-ton é escrito no quarto espaço, e o surdo, no segundo.

> As três barras inclinadas, no segundo compasso das trilhas a seguir, são sinais de repetição dos três primeiros tempos do compasso anterior.

TRILHA 79 - Virada na caixa. Mão direita no contra-tempo fechado, em colcheias. Metrônomo gravado em colcheias. Andamento: 70 bpm.

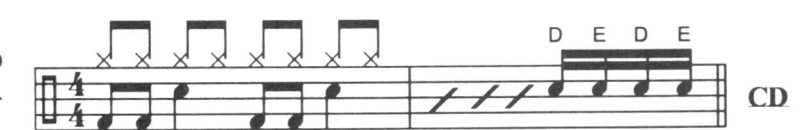

TRILHA 80 - Virada com combinação ton-ton/caixa.

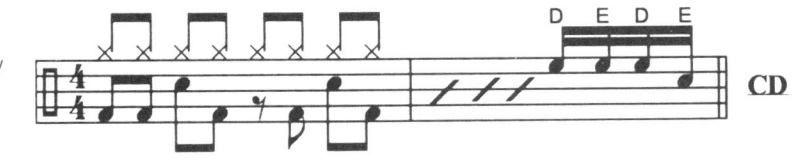

TRILHA 81 - Combinação caixa/ton-ton.

TRILHA 82 - Combinação de ton-ton e surdo.

Sequências de estudo:

1. Repita os quatro exercícios anteriores com o contra-tempo em semínimas.

2. Repita os mesmos exercícios com o contra-tempo em semicolcheias.

> Quando se deseja finalizar a virada com maior impacto, usa-se o prato de ataque, que é escrito acima da quinta linha da pauta, no mesmo local do contra-tempo tocado com a mão. Sua notação vem sempre acompanhada de uma ligadura que simboliza a continuidade do som:

TRILHA 83 - Virada no quarto tempo, com finalização no prato de ataque.

Pratique a mesma batida com o contra-tempo em colcheias.

Repare que quando o prato de ataque é percutido, torna-se desnecessário retomar imediatamente **a batida do contra-tempo**. Isto ocorre em virtude do tempo que o prato demora para parar de soar. Assim, pode-se dar continuidade à execução do contra-tempo, a partir do segundo tempo do compasso. Às vezes, lança-se mão deste recurso para relaxar o braço antes de retomar a batida.

As viradas podem começar, também, em outros tempos do compasso, como nos exemplos a seguir, onde as mesmas ocupam o terceiro e quarto tempos:

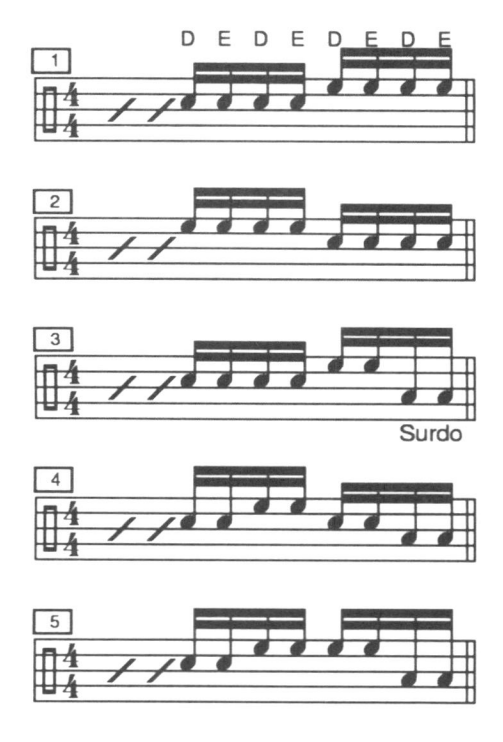

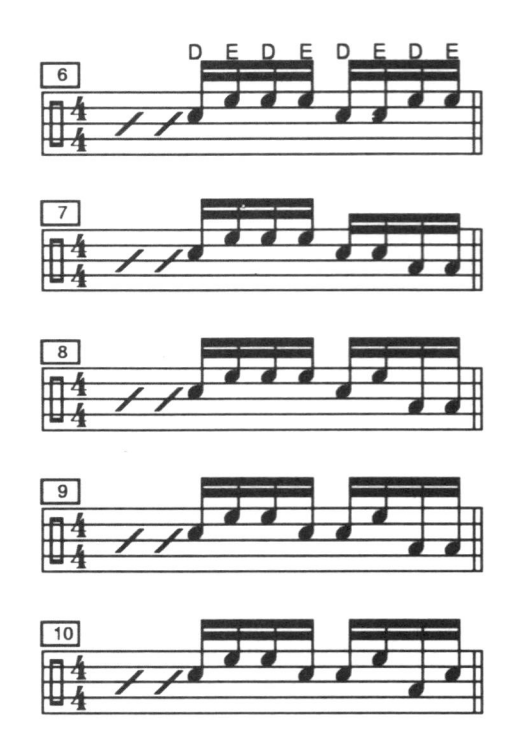

Exercícios de virada

Para cada um dos dez exemplos anteriores, faça uma batida completa com o contra-tempo ou com o **prato de condução** em qualquer figura, em três compassos, virando no quarto.

PARTE 5

Grupos quaternários de figuras

Grupos quaternários de figuras

Até aqui, foram apresentados exercícios com semínimas, colcheias e suas respectivas pausas, assim como o grupo de quatro semicolcheias (♫♫) resultante da subdivisão da semínima em quatro partes iguais para um único tempo.

Se nesse grupo de quatro semicolcheias, algumas delas forem substituídas por pausas, chega-se a outros grupos interessantes e "swingados", contribuindo assim para o aumento do vocabulário rítmico.

Estes novos grupos serão demonstrados em batidas e exercícios, e você terá um espaço para anotar suas próprias idéias.

Pausa na primeira semicolcheia 𝄽 ♫♫

> Até o final deste volume, as trilhas estão gravadas em oito compassos em 4/4, com andamento de 56 bpm.

TRILHA 84 - Contra-tempo com baqueta, tocando este grupo. Bumbo em semínimas, nas cabeças dos tempos.

Exercícios para assimilação

1. Toque os grupos na caixa, marcando o contra-tempo com o pé, em semínimas.

   D D D   E E E   D D D   E E E | D E D   E D E   D E D   E D E

2. Repita o exercício anterior, agora com o contra-tempo tocado com o pé, em colcheias.

3. Mão direita no contra-tempo.

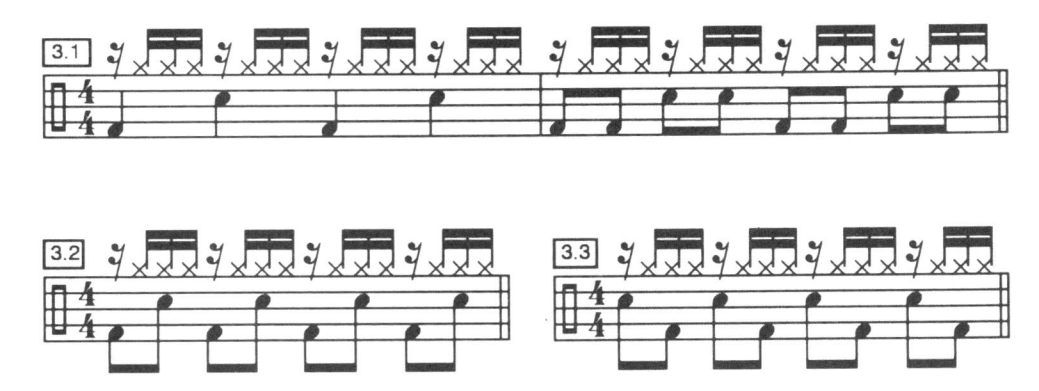

TRILHA 85 - Contra-tempo com baqueta, tocando o mesmo grupo. Bumbo e caixa revezando-se nas cabeças de tempo e nos contratempos.

Pausa na segunda semicolcheia

Para facilitar a leitura, junta-se a primeira semicolcheia com a pausa:

TRILHA 86 - Contra-tempo com baqueta, tocando este grupo. Bumbo em semínimas, nas cabeças do tempos.

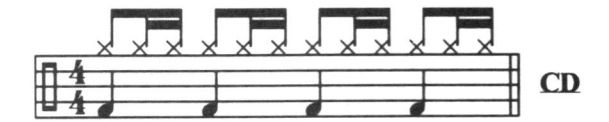

Exercícios para assimilação

1. Toque os grupos na caixa, marcando o contra-tempo com o pé, em semínimas.

   D DDE EED DDE EED EDE DED EDE DE

2. Repita o exercício anterior, agora com o contra-tempo tocado com o pé, em colcheias.

3. Mão direita no contra-tempo.

TRILHA 87 - Contra-tempo com baqueta, tocando o mesmo grupo. Bumbo e caixa revezando-se nas cabeças de tempo e nos contratempos.

Pausa na terceira semicolcheia

Para facilitar a leitura, junta-se a segunda semicolcheia com a pausa:

TRILHA 88 - Contra-tempo com baqueta, tocando este grupo. Bumbo em semínimas, nas cabeças dos tempos.

Exercícios para assimilação

1. Toque os grupos na caixa, marcando o contra-tempo com o pé, em semínimas.

   D D D E E E D D D E E E D E D E D E D E D E D E

2. Mesmo exercício. Contra-tempo com o pé, em colcheias.

3. Mão direita no contra-tempo.

TRILHA 89 - Contra-tempo com baqueta tocando o mesmo grupo. Bumbo e caixa revezando-se nas cabeças de tempo e nos contratempos.

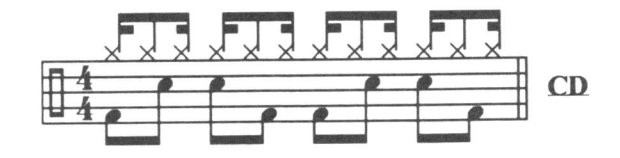

Pausa na quarta semicolcheia ♪♪♪𝄽

Somando a terceira semicolcheia com a pausa: ♪♪♩

TRILHA 90 - Contra-tempo com baqueta, tocando este grupo. Bumbo em semínimas, nas cabeças dos tempos.

Exercícios para assimilação

1. Toque os grupos na caixa, marcando o contra-tempo com o pé, em semínimas.

   D D D   E E E   D D D   E E E | D E D   E D E   D E D   E D E ‖

2. Mesmo exercício. Contra-tempo com o pé em colcheias.

3. Mão direita no contra-tempo.

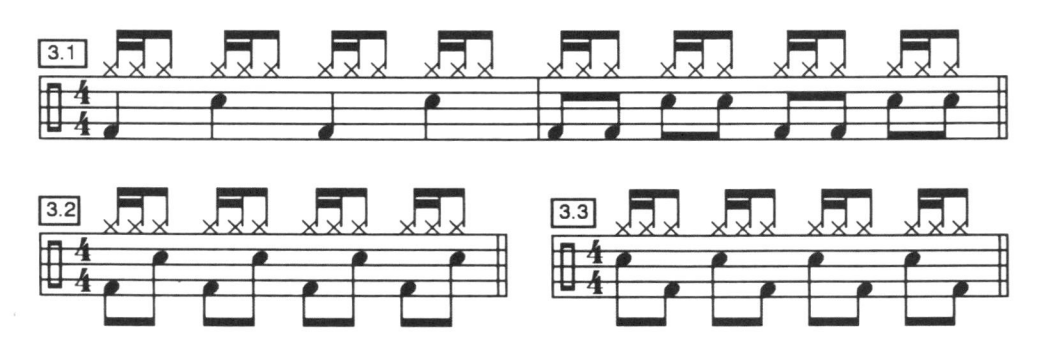

TRILHA 91 - Contra-tempo com baqueta, tocando o mesmo grupo. Bumbo e caixa revezando-se nas cabeças de tempo e nos contratempos.

Escreva e toque suas batidas

1. Duas batidas com o grupo 𝄽 ♪♪♩

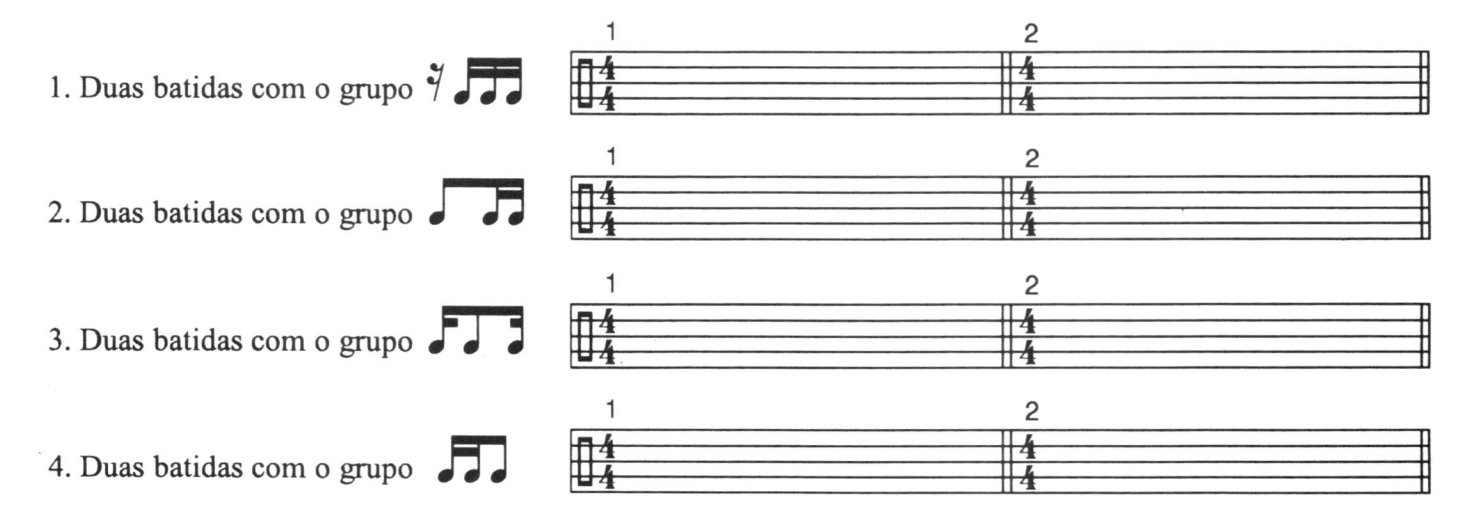

2. Duas batidas com o grupo ♩♪♪

3. Duas batidas com o grupo ♪♪♩

4. Duas batidas com o grupo ♪♪♪

Pausa na primeira e segunda semicolcheias

Somando as duas pausas:

TRILHA 92 - Contra-tempo com baqueta, tocando este grupo. Bumbo em semínimas, nas cabeças dos tempos.

Exercícios para assimilação

1. Toque os grupos na caixa, marcando o contra-tempo com o pé, em semínimas.

2. Mesmo exercício. Contra-tempo com o pé, em colcheias.

3. Mão direita no contra-tempo.

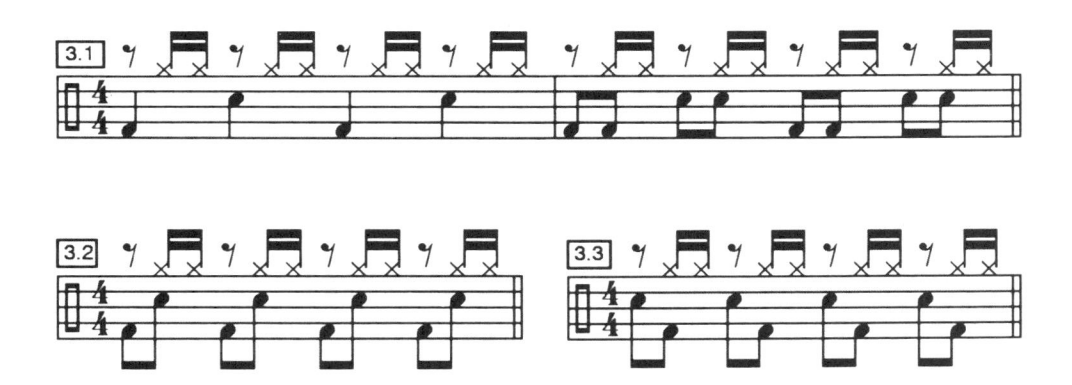

TRILHA 93 - Contra-tempo com baqueta, tocando o mesmo grupo. Bumbo e caixa revezando-se nas cabeças de tempo e nos contratempos.

Pausa na primeira e terceira semicolcheias

Somando a primeira semicolcheia com a segunda pausa:

TRILHA 94 - Contra-tempo com baqueta, tocando este grupo. Bumbo em semínimas, nas cabeças dos tempos.

Exercícios para assimilação

1. Toque os grupos na caixa, marcando o contra-tempo com o pé, em semínimas.

   D D   E E   D D   E E   D E   E D   D E   E D

2. Mesmo exercício. Contra-tempo com o pé, em colcheias.

3. Mão direita no contra-tempo.

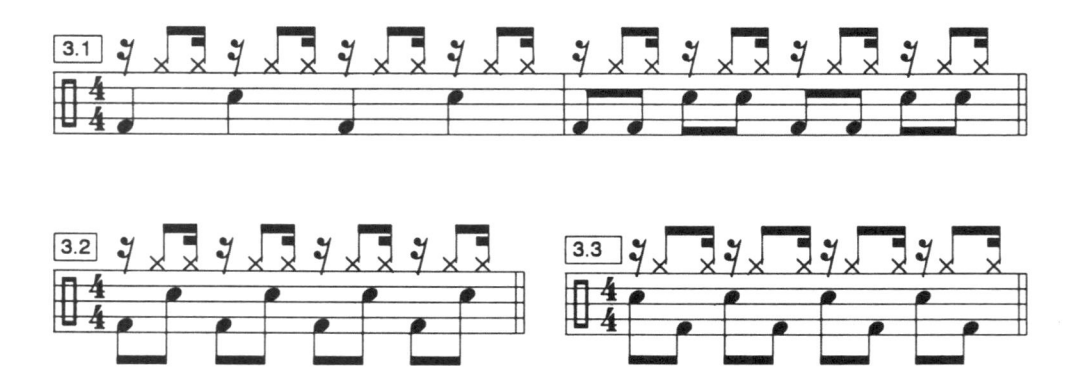

TRILHA 95 - Contra-tempo com baqueta, tocando este grupo. Bumbo e caixa revezando-se nas cabeças de tempo e nos contratempos.

Pausa na primeira e quarta semicolcheias 𝄾♫𝄾

Somando a segunda semicolcheia com a segunda pausa: 𝄾 ♫

TRILHA 96 - Contra-tempo com baqueta, tocando este grupo. Bumbo em semínimas, nas cabeças dos tempos.

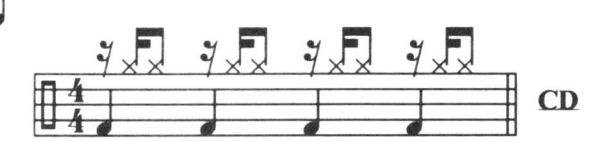

Exercícios para assimilação

1. Toque os grupos na caixa, marcando o contra-tempo com o pé, em semínimas.

   D D   E E   D D   E E   D E   E D   D E   E D

2. Mesmo exercício. Contra-tempo com o pé, em colcheias.

3. Mão direita no contra-tempo.

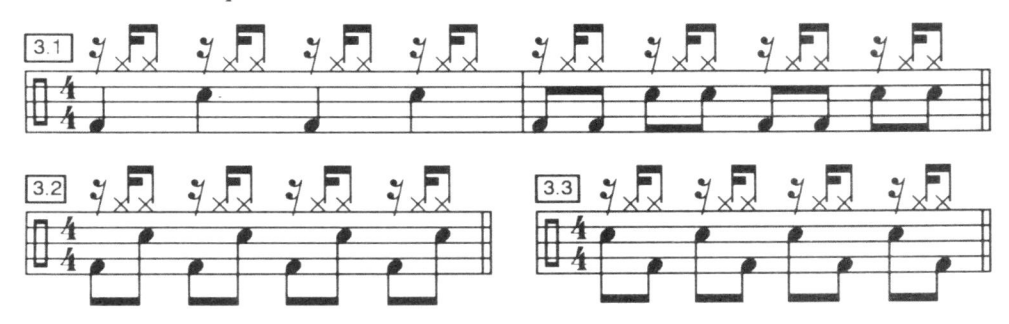

TRILHA 97 - Contra-tempo com baqueta, tocando este grupo. Bumbo e caixa revezando-se nas cabeças de tempo e nos contratempos.

Pausa na segunda e quarta semicolcheias ♩𝄾𝄾

Somando a primeira semicolcheia com a primeira pausa, e a segunda semicolcheia com a segunda pausa: ♫
Este grupo já foi bastante explorado o que torna desnecessário estudá-lo novamente.

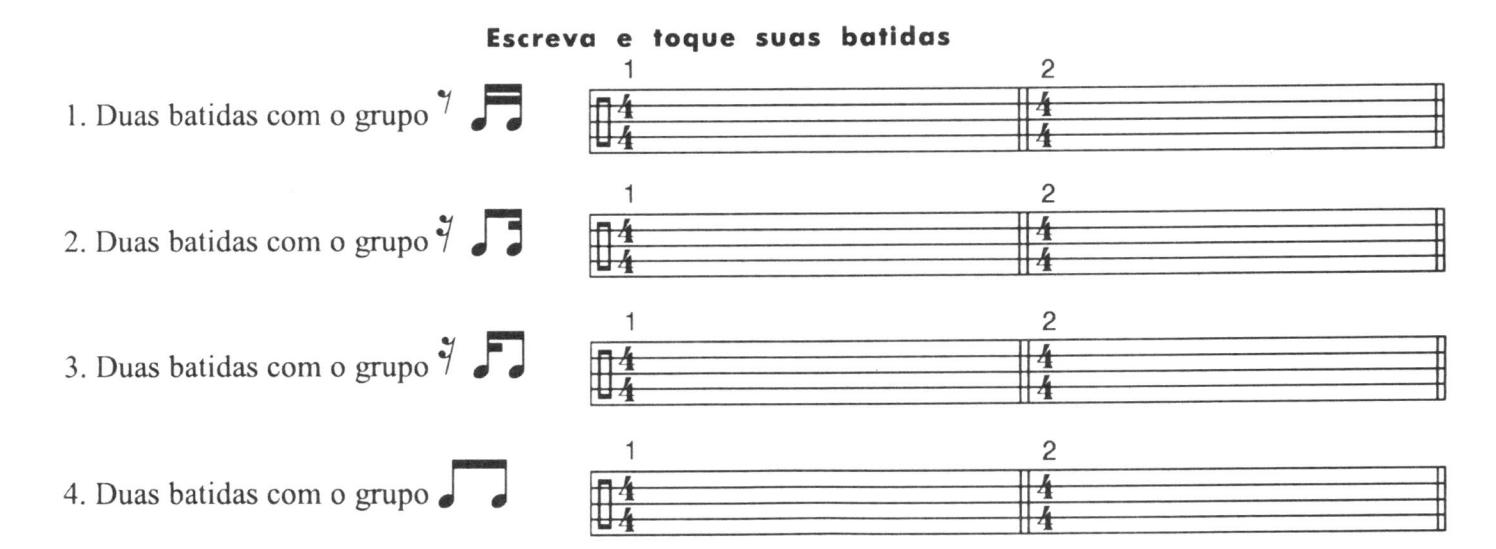

Escreva e toque suas batidas

1. Duas batidas com o grupo 𝄾♫

2. Duas batidas com o grupo 𝄾♫

3. Duas batidas com o grupo 𝄾♫

4. Duas batidas com o grupo ♫

Pausa na primeira, segunda e quarta semicolcheias 𝄾𝄾♪𝄾

Somando as duas pausas, depois a semicolcheia com a terceira pausa: 𝄾 ♪ Este grupo não necessita ser estudado pelo mesmo motivo do anterior.

Pausa na segunda e terceira semicolcheias ♪𝄾𝄾♪

Surge o ponto de aumento que serve para acrescentar meio valor à figura que o precede.

Somando a primeira semicolcheia com a primeira pausa, teremos uma colcheia. A segunda pausa vira um ponto, já que a semicolcheia vale metade da colcheia, dando origem ao grupo: ♪. ♪

TRILHA 98 - Contra-tempo com baqueta, tocando este grupo. Bumbo em semínimas, nas cabeças dos tempos.

Exercícios para assimilação

1. Toque os grupos na caixa, marcando o contra-tempo com o pé, em semínimas.

   D D E E D D E E | D E E D D E E D

2. Mesmo exercício. Contra-tempo com o pé, em colcheias.

3. Mão direita no contra-tempo.

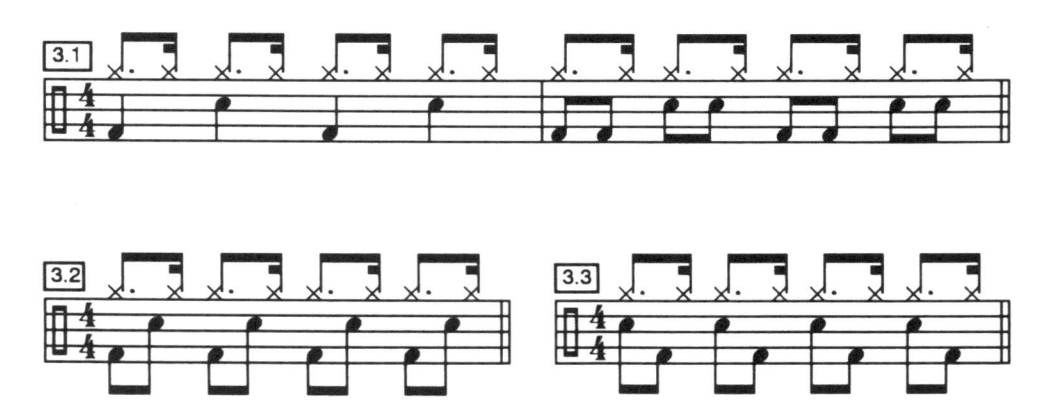

TRILHA 99 - Contra-tempo com baqueta, tocando este grupo. Bumbo e caixa revezando-se nas cabeças de tempo e nos contratempos.

Pausa na terceira e quarta semicolcheias ♫ 𝄾 𝄾

Somando a segunda semicolcheia com a primeira pausa teremos uma colcheia. A segunda pausa vira um ponto, dando origem ao grupo: ♩.

> Devido às limitações da tecnologia *Compact Disc* - CD (que só aceita numeração até 99), as trilhas 100, 101, 102, 103, 104, 105 aparecerão com o número 99 no seu aparelho de CD. No entanto, há uma locução indicando estas trilhas.

TRILHA 100 - Contra-tempo com baqueta, tocando este grupo. Bumbo em semínimas, nas cabeças dos tempos.

Exercícios para assimilação

1. Toque os grupos na caixa, marcando o contra-tempo com o pé, em semínimas.

   D D E E D D E E | D E E D D E E D

2. Mesmo exercício. Contra-tempo com o pé, em colcheias.

3. Mão direita no contra-tempo.

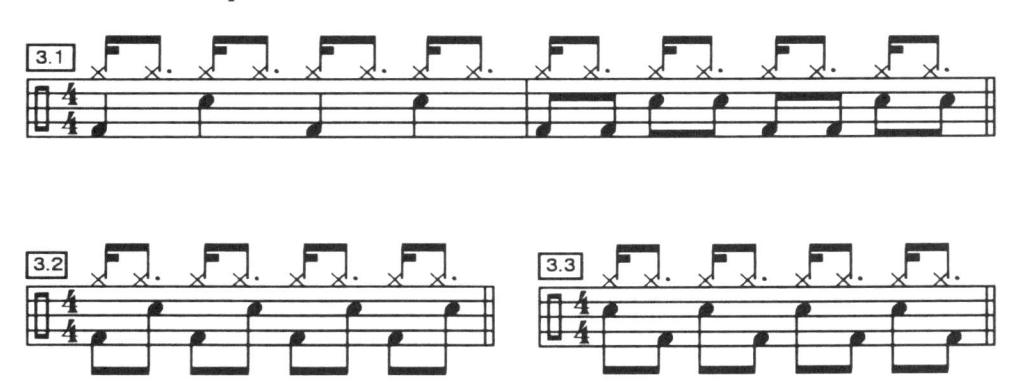

TRILHA 101 - Contra-tempo com baqueta, tocando este grupo. Bumbo e caixa revezando-se nas cabeças de tempo e nos contratempos.

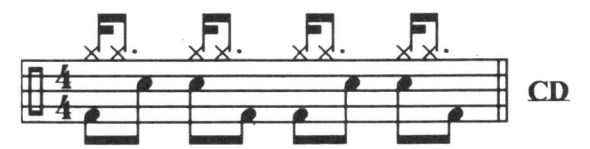

Pausa na primeira, segunda e terceira semicolcheias

Somando as duas primeiras pausas, teremos uma pausa de colcheia. A terceira vira um ponto, dando origem ao grupo:

TRILHA 102 - Contra-tempo com baqueta, tocando este grupo. Bumbo em semínimas, nas cabeças dos tempos.

Exercícios para assimilação

1. Toque os grupos na caixa, marcando o contra-tempo com o pé, em semínimas.

2. Mesmo exercício. Contra-tempo com o pé, em colcheias.

3. Mão direita no contra-tempo.

TRILHA 103 - Contra-tempo com baqueta, tocando este grupo. Bumbo e caixa revezando-se nas cabeças de tempo e nos contratempos.

Pausa na primeira, terceira e quarta semicolcheias

Somando a semicolcheia com a segunda pausa teremos uma colcheia. A terceira pausa vira um ponto, dando origem ao grupo:

TRILHA 104 - Contra-tempo com baqueta, tocando este grupo. Bumbo em semínimas, nas cabeças dos tempos.

Exercícios para assimilação

1. Toque os grupos na caixa, marcando o contra-tempo com o pé, em semínimas.

2. Mesmo exercício. Contra-tempo com o pé, em colcheias.

3. Mão direita no contra-tempo.

TRILHA 105 - Contra-tempo com baqueta, tocando este grupo. Bumbo e caixa revezando-se nas cabeças de tempo e nos contratempos.

Escreva e toque suas batidas

1. Duas batidas com o grupo
2. Duas batidas com o grupo
3. Duas batidas com o grupo
4. Duas batidas com o grupo
5. Duas batidas com o grupo